누구나 알아야 할 소중한 지식 재산권
어린이 저작권 교실

누구나 알아야 할 소중한 지식 재산권
어린이 저작권 교실

초 판 1쇄 발행 2011년 1월 12일
개정판 1쇄 발행 2021년 9월 7일
개정판 3쇄 발행 2023년 9월 7일

지은이 임채영
그린이 김명진
감 수 정은주
발행인 권윤삼
발행처 도서출판 산수야

등록번호 제2002-000278호
주 소 서울시 마포구 월드컵로165-4
전 화 02-332-9655
팩 스 02-335-0674

ISBN 978-89-8097-547-1 73360

값은 뒤표지에 있습니다. 잘못된 책은 바꿔드립니다.

이 책의 모든 법적 권리는 저자와 도서출판 산수야에 있습니다.
저작권법에 의해 보호받는 저작물이므로
저자와 본사의 허락 없이 무단 전재, 복제, 전자출판 등을 금합니다.

www.sansuyabooks.com
sansuyabooks@gmail.com
도서출판 산수야는 독자 여러분의 의견에 항상 귀 기울입니다.

교과서 연계
4-2 / 6-2

누구나 알아야 할 소중한 지식 재산권

新 지식재산권

어린이 저작권 교실

임채영 글 | 김명진 그림 | 정은주 감수

산수야

머리말
너와 나의 소중한 지식 재산권

여러분, 저작권 또는 지식 재산권이라는 말을 들어 본 적이 있나요? 처음 듣는 친구도 있을 테고, 최근 저작권이다 지적 재산권이다 하여 이곳저곳에서 들어 본 친구도 있을 거예요. 하지만 지식 재산권의 개념이나 범위를 제대로 아는 친구는 거의 없을 거예요.

도대체 지식 재산권이 뭐냐고요? 그래요. 먼저 지식 재산권이 뭔지를 아는 게 가장 중요해요. 뭔지도 모르는데 무작정 보호하고 지키라고 말할 수는 없잖아요. 이 책에서는 여러분이 이해하기 쉽도록 지식 재산권에 대한 모든 이야기를 들려줄 생각이에요. 여러분에게 꼭 필요한 이야기니까 귀를 쫑긋 세우고 잘 들어주세요.

지식 재산권은 사람의 지식으로 만들어진 모든 것의 권리를 인정하기 위해 만들어진 법이에요. 지적 재산권이라고도 하는데, 지식 재산권이 더 바른 표현이에요. 여러분도 들어 보았을 저작권이 지식 재산권에 포함되는 권리 중 하나예요.

현대는 지식 정보 시대라고 해요. 공장에서 생산한 물건뿐만 아니라 개인이 가진 지식과 정보도 상품이 되는 시대라는 뜻이지요. 그 지식과 정보 등을 보호하기 위해 만든 법이 바로 지식 재산권법이랍니다.

옛말에 "책 도둑은 도둑도 아니다."라는 말이 있어요. 옛날에는 책이 너무 귀해서 양반이나 부잣집이 아니면 책을 구해서 보기가 힘들었답니다. 그래서 가난한 사람들은 다른 집에 가서 슬쩍 책을 훔쳐 오는 일이 많았지요. 그런 사람들을 '책 도둑'이라고 했고요. 하지만 사정도 딱하고, 배움에 대한 열정만큼은 높이 칭찬해 줄 만하기에 책 주인들은 그런 일이 있어도 너그럽게 용서를 해 주곤 했답니다. 당시에는 좋은 책이 있으면 서로 베껴서 복사본을 만들기도 했어요.

요즘도 과연 그럴까요? 현대에 와서는 책을 구하기도 쉽고, 많이 비싸지 않아서 사기도 쉬워요. 그런데도 책 도둑이 아직까지 있답니다. 책을 복사하여 몰래 팔거나 사용하는 것이지요. 하지만 예전과 달리 요즘에는 너그럽게 용서해 줄 수가 없어요. 인정이 메말라서 그런 걸까요? 아니에요. 이미 말했듯이 현대는 지식이 재산인 시대이기 때문이에요. 책을 지은 작가의 허락 없이는 마음대로 책을 만들어 사용할 수도 없고, 팔 수도 없게 된 것이지요.

지식 재산권이라는 말이 나온 지는 그렇게 오래되지 않았어요. 이전에는 발명품에 한해서 특허권을 주는 형태였어요. 그렇지만 우리가 살아가는 사회가 다양해지고 첨단 기술이 발달하면서 범위가 좀 더 넓고 세분화된 '지식 재산권'이 필요하게 되었지요.

현대 사회에서는 지식 재산권을 보호하기 위해 여러 가지 노력을 하고 있답니다. 엄격한 법률도 만들었지요. 그리하여 중요한 첨단 기술, 문화, 예술 등 사람이 연구하고 고민하여 만들어 낼 수 있는 모든 영역을 보호할 수 있게 되었어요.

이 모든 게 우리 친구들과는 상관없는 일이라고요? 천만의 말씀! 지식 재산권은 그 범위가 매우 넓고 생활에서 두루 이루어지는 일이라서 여러분과 매우 가깝게 있어요. 지금 여러분이 입고 있는 옷, 좋아하는 음식, 만화 영화, 노래, 게임, 글꼴(폰트), 이야기책 등 그 모든 것에 지식 재산권이 들어 있어요.

 이 책에서는 지식 재산권을 여러분이 보다 쉽게 이해할 수 있도록 개념을 알려 주고, 혹시라도 잘못된 습관으로 법을 어기고 있지는 않은지 살펴보게 할 거예요. 내 권리가 소중하듯, 다른 사람의 권리도 지켜 주고 보호해 주어야 함을 지식 재산권을 공부하며 함께 깨닫길 바랍니다.

임 채 영

차례 contents

 **01 스티커 훔치기** 10

 **02 지식도 재산이라고?** 26

 **03** 지식 재산권의 1번 타자 **발명** 42

 **04** 지식 재산권의 2번 타자 **산업 재산권** 56

 **05** 작전타임1 **지식 재산권을 수비하라** 76

06 지식 재산권의 3번 타자 **저작권** 86

07 지식 재산권의 4번 타자 **신지식 재산권** 102

08 작전타임2 **전진 수비** 112

09 만루 홈런 **지식 재산권 홍보대사** 122

부록 **네티켓과 지식 재산권** 130

　우리 담임 선생님이요? 정말 좋은 분이세요. 말썽을 피워도 조용히 타이르시고, 잘못한 일이 있으면 "다시는 그러지 마라." 하고 다짐을 받은 뒤에 용서를 해 주세요.

　그런데 선생님이 가끔 무시무시한 호랑이로 돌변할 때도 있어요. 언제냐고요? 쉬는 날을 앞두고 있거나 학교 수업이 일찍 끝나는 날이면 항상 그래요. 숙제를 어마어마하게 내 주거든요. 받아쓰기나 수학 문제 풀어 오기 같은 숙제는 간단히 할 수 있어요. 그런데 독서 기록장 숙제는 정말 곤란해요. 책 한 권을 읽고 그 내용과 감상을 공책 한 장에 정리하는 숙제랍니다.

　독서 기록장 숙제가 있는 날에는 놀 시간이 하나도 없어요. 책

한 권을 다 읽는 데만도 엄청 시간이 걸리는 데다, 감상을 공책에 정리하는 데도 그만큼 시간이 걸려요. 좋았다, 재미없었다, 이런 얘기도 억지로 써 넣어야 하죠. 일주일에 한 번 하는 숙제지만 정말 힘들어요.

더 힘든 건 평소에 너그러운 선생님이 독서 기록장 숙제만큼은 철저하게 검사를 한다는 거예요. 그리고 숙제를 해 오지 않으면 무섭게 화를 내고 칭찬 스티커도 주지 않아요. 어느 때는 책 한 권에 인생이 달려 있다고 하며 몇십 분이나 잔소리를 해요. 그래서 아이들은 독서 기록장 숙제라면 더욱 진저리를 친답니다.

그런데 우리 반 친구 중에는 선생님이 내 주는 그 어려운 숙제를 기가 막히게, 하루도 빠짐없이 해 오는 친구가 있어요. 누구냐고요?

바로 박보람이에요. 모범생이냐고요? 천만에요! 보람이는 수업 시간에도 딴전을 피우기 일쑤고, 다른 숙제들은 거의 해 오는 법이 없어요. 그런데 우리들이 가장 어렵게 생각하는 독서 기록장 숙제만은 빠뜨리지 않고 해 온답니다.

"보람아, 넌 책 읽는 걸 좋아하니?"

"아니, 전혀 안 좋아해."

신기하죠? 책 읽는 것도 좋아하지 않으면서 독서 기록장 숙제는 그렇게 열심히 하니까요.

금요일이 되자 다른 반 친구들은 아침부터 모두 들뜬 표정이었어요. 내일은 토요일이니까 실컷 놀 수 있잖아요. 하지만 우리 반 친구들은 선생님이 어떤 책을 읽고 정리해 오라고 할까 불안해했어요.

"이번 주는 짧은 책이었으면 좋겠다."

"아, 제발!"

점심 급식은 우거짓국이었어요. 윽! 우거짓국처럼 잔뜩 인상을 찌푸리고 있는데 보람이가 배식판을 들고 빈자리를 찾는 게 보였어요.

나는 손을 번쩍 들어 보람이를 불렀어요.

"보람아, 이리 와. 여기 자리 있어."

보람이는 나를 보고 싱긋 웃더니, 배식판을 들고 가까이 다가왔어요. 그리고 배식판을 앞자리에 놓고 털썩 주저앉았어요.

"야, 나경태! 같이 가자니까 먼저 와 버리면 어떡해?"

"먼저 와서 자리 잡아 놓으려고 그런 거야. 빨리 먹기나 해."

나는 우거짓국을 휘휘 저으며 말했어요. 그때 앞에 있던 재민이가 땅이 꺼져라 한숨을 내쉬었어요.

"휴, 나는 이번주에 독서 기록장을 두 장이나 써야 해. 선생님이 저번에 안 해 온 것까지 해 오래. 보람아, 너는 어떻게 독서 기록장 숙제를 한 번도 빼먹지 않고 해 오는 거야? 진짜 부지런한

가 봐?"

재민이의 말에 나도 부러운 듯 보람이를 쳐다보았어요. 하지만 보람이는 재민이의 말을 못 들었는지 우거짓국을 푹푹 떠서 먹기만 할 뿐이었어요.

"야, 숙제 잘하는 비결 좀 알려 줘. 나도 스티커 좀 받자."

재민이가 보람이의 옆구리를 쿡쿡 찌르며 말했어요.

"비결이 있어?"

나도 의자를 바짝 당겨 앉으며 보람이의 얼굴을 쳐다보았어요. 보람이는 입안에 있는 음식물을 다 삼키고도 한참 뜸을 들인 뒤에 입을 열었어요.

"사실은 아주 간단해. 시간도 별로 안 걸리고."

보람이는 주위를 한번 휙 둘러보더니 속닥속닥 비밀을 말해 주었어요. 듣고 보니 아무것도 아니었어요. 인터넷만 있으면 선생님이 내 주는 숙제를 30분 만에 해결할 수 있다지 뭐예요.

우리는 보람이와 하이 파이브를 하고, 좋은 정보를 알려 주어서 고맙다며 보람이의 등을 툭툭 두들겨 주기도 했답니다. 이제 독서 기록장 숙제도 문제없게 되었어요.

선생님은 매주 그랬듯이 우리에게 독서 기록장 숙제를 내 주었어요.

"이번 책은 『허클베리 핀의 모험』이에요. 여러분 또래의 친구가 나오는 이야기라서 훨씬 재미있을 거예요. 독서 기록장 성실하게 다 써 올 수 있죠?"

"예!"

그날만큼은 우리도 자신 있게 큰 소리로 대답했어요. 선생님이 깜짝 놀랄 정도로 말이에요.

나는 토요일 내내 신나게 놀았어요. 숙제 걱정은 조금도 하지 않았지요. 보람이가 가르쳐 준 방법이 있었으니까요. 그리고 일요일 오후가 되어서야 숙제를 하기 위해 책상 앞에 앉았어요.

"우선 컴퓨터를 켜고……."

인터넷 포털 사이트에 '허클베리 핀의 모험'을 쳤어요. 관련된 내용들이 모니터 가득 나타났어요.

"우아, 정말 간단하구나."

나는 그중에서 제일 위에 있는 '허클베리 핀의 모험 독서 기록장 정리'라는 제목을 마우스로 클릭했어요.

그다음이요? 아주 간단하죠. 모니터에 뜬 내용을 공책에 베껴 쓰면 그만이니까요. 세상에 이렇게 쉬운 방법을 모르고 그동안 밤늦도록 쩔쩔매면서 고생한 것을 생각하면 억울하기까지 했어요.

숙제를 마치고는 온라인 게임을 실컷 했어요. 엄마도 숙제를

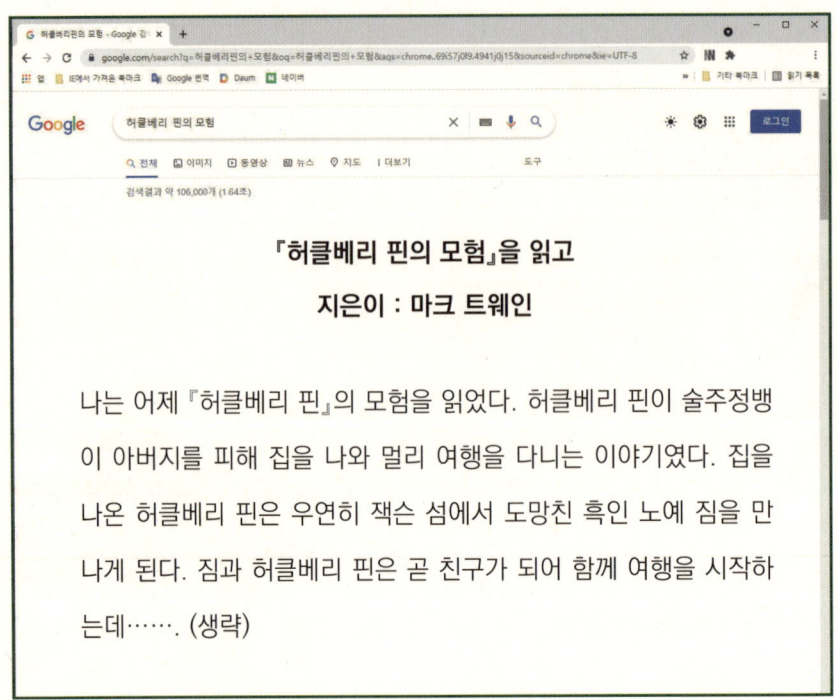

다 했다는 얘기를 듣고 30분 동안 게임을 해도 좋다고 허락해 주셨어요. 이 모두가 보람이가 좋은 방법을 가르쳐 준 덕분이었죠.

다음 날, 보람이가 가르쳐 준 방법대로 깔끔하게 숙제를 마친 우리는 독서 기록장 내는 시간을 애타게 기다렸답니다. 의기양양한 표정까지 지으면서 말이에요.

"자, 독서 기록장 내세요."

선생님의 말이 끝나기가 무섭게 우리는 독서 기록장을 책상 위에 올려놓았어요. 맨 뒷자리에 앉은 한결이가 앞쪽으로 오며

독서 기록장을 걷어 갔어요. 선생님이 독서 기록장을 챙겨 교실을 나가자마자 우리는 모두 홀가분한 표정을 지으며 낄낄댔어요.

하지만 우리 세 사람의 기세는 몇 시간 못 가서 바람 빠진 풍선처럼 푹 꺼지고 말았답니다.

어떻게 된 일이냐고요?

그날 내내 아무 일도 없다는 듯이 수업을 하던 선생님이 점심시간이 끝나자 딱딱한 표정으로 교탁에 독서 기록장을 내려놓았어요.

'화가 나신 것 같은데……. 누가 또 숙제를 엉망으로 해 왔나?'

나는 누가 숙제를 안 해 왔을까 생각하며 교실을 한 바퀴 둘러보았어요. 그때 선생님이 이름을 불렀어요.

"나경태, 유재민, 박보람, 앞으로 나오세요!"

우리는 깜짝 놀랐어요.

'숙제를 잘했다고 칭찬 스티커를 주시려는 건가?'

우리 셋은 히죽히죽 웃으며 앞쪽으로 나갔어요. 아무래도 숙제를 너무 잘했나 봐요. 그런데 불안한 느낌도 살짝 있었어요. 선생님이 여전히 화난 표정을 짓고 있었거든요.

"한 사람씩 친구들 앞에서 어제 쓴 독서 기록장을 읽어 보세요."

> **『허클베리 핀의 모험』을 읽고**
> **지은이 : 마크 트웨인**
>
> 나는 어제 『허클베리 핀』의 모험을 읽었다. 허클베리 핀이 술주정뱅이 아버지를 피해 집을 나와 멀리 여행을 다니는 이야기였다. 집을 나온 허클베리 핀은 우연히 잭슨 섬에서 도망친 흑인 노예 짐을 만나게 된다. 짐과 허클베리 핀은 곧 친구가 되어 함께 여행을 시작하는데……. (생략)

먼저 보람이가 독서 기록장을 받아 읽었어요.

뭔가가 이상했어요. 보람이가 읽은 내용과 내 공책에 쓰인 내용이 똑같았어요. 글자 하나도 틀리지 않았어요. 보람이가 다 읽고 나자 나는 진땀을 흘리며 내 공책에 쓰인 내용을 읽었어요. 더욱 우스운 것은 재민이가 읽을 때였어요.

"어? 다 똑같네."

누군가가 말했어요. 그래요, 세 사람 모두 글자 하나 틀리지 않고 똑같이 써 온 것이었어요. 그제야 우리는 선생님이 왜 그렇게 화가 났는지 알게 됐어요.

"너희들이 뭘 잘못했는지 알겠니? 어떻게 숙제한 내용이 다 똑같은지 말해 줄 사람?"

선생님이 물었어요. 우리는 한동안 아무 말도 못 했어요. 하지만 선생님의 표정이 너무 무서워서 내가 비밀을 털어놓고 말았어요.

"그건…… 인터넷을 보고 썼기 때문이에요."

"그래, 맞아. 인터넷에 있는 내용과 똑같더구나."

선생님의 말에 그때까지 풀이 죽어 있던 보람이가 용기를 내어 물었어요.

"다른 사람 공책을 보고 베낀 것도 아니고, 인터넷으로 검색한 내용을 보고 해도 잘못이에요?"

"당연하지. 숙제를 성실하게 하지 않고 요령을 피운 것도 잘못이지만 너희는 죄를 하나 더 지었어. 일단은 각자의 자리로 돌아가렴. 이제부터 너희가 얼마나 큰 죄를 지었는지 자세히 말해 주마."

　우리 셋은 얼굴이 빨갛게 되어 자리로 돌아왔어요. 하지만 그때까지 우리가 한 일이 얼마나 큰 잘못인지는 알지 못했어요. 우리가 자리에 앉자마자 선생님은 한숨을 푹 내쉬며 칠판에 이렇게 썼어요.

　'지식 재산권!'

지식 재산권? 반 아이들은 아리송한 표정을 하고 서로를 돌아보았어요. 나도 처음 들어 본 말이었어요.

"그래요. 지식 재산권이라는 말이 있어요. 예전에는 중요하게 여겨지지 않았지만 요즘에는 아주 중요한 말이에요. 보람이와 경태, 재민이는 숙제를 하면서 지식 재산권법을 어겼어요."

"예? 법을 어겼다고요?"

우리는 깜짝 놀랐어요. 인터넷에 올라와 있는 글을 보고 베껴 적은 게 법하고 무슨 상관이 있는 걸까요? 지식 재산권은 또 뭐고요.

지식도 재산이라고?

 "이참에 여러분이 더 큰 잘못을 저지르지 않도록 지식 재산권에 대해 자세히 가르쳐 줄 필요가 있겠네요. 마침 창체 시간이니 아주 잘 됐어요. 재민이랑 보람이, 그리고 경태는 특별히 귀를 더 쫑긋 세우고 듣도록 해요. 알겠죠?"
 선생님은 화가 좀 풀렸는지 빙그레 미소를 지으며 본격적으로 이야기를 시작했어요.
 "지식 재산권을 말하기 전에 먼저 지식에 대해서 설명을 해야겠네요. 지식이란 사람이 경험을 하거나 학습, 숙련 등을 통해서 얻은 내용을 다 일컫는 말이에요. 우리가 생각한 것보다 범위가 훨씬 더 넓어요.

지식에는 머리를 잘 자르는 사람이 가진 경험, 기계를 잘 만지는 사람의 경험, 게임을 잘하는 사람이 알고 있는 요령, 첨단 산업이나 의료 기술 분야에서 일하는 사람들의 기술 등이 있어요. 일을 하면서 자연스럽게 얻게 된 경험이나 오랜 훈련을 통해 얻은 기술이나 방법, 이 모든 것이 지식이에요.

지식은 세상을 움직이고, 우리 생활에 필요한 것을 생산해 낼 수 있어요. 그뿐 아니라 우리가 이미 알고 있는 정보나 학문, 역사도 모두 지식에 포함돼요. 그리고 보니 세상이 온통 지식으로 넘쳐나고 있네요. 이렇게 많은 지식이 언제부터 쌓이기 시작했는지 알아 볼까요? 아주 오랜 옛날에, 인류는 어떻게 식량을 얻었을까요?"

"농사요!"

뒷자리에서 누군가가 대답했어요.

"맞아요. 농사법도 대단한 지식이에요. 그보다 더 예전에는 농사에 대한 지식도 없었어요. 그때 사람들은 동물들을 사냥해서 먹고살았지요.

그러다 사람들은 창을 던져 동물을 잡는 데 한계를 느꼈어요. 그래서 오랜 시간 고민하여 활과 화살을 만들어 냈어요. 팽팽하게 시위를 잡아당겨 화살을 쏘면 위험을 무릅쓰고 동물 가까이 접근할 필요도 없고, 멀리 있거나 속도가 빠른 사냥감도 쉽게 잡을 수 있었어요. 사람이 머리를 써서 지구상의 다른 생물을 지배하며 살게 된 거예요.

영국이 한때 세계를 지배하는 힘 있는 나라가 되었던 것도 지식 덕분이었어요. 대표적인 예가 증기 기관의 발명이에요. 증기 기관의 원리는 아주 간단해요. 물을 데울 때 발생하는 증기로 기관을 돌리는 방식인데, 발명가 와트는 추운 겨울날 난로 위에 올려놓은 주전자에서 물이 팔팔 끓는 것을 보고 아이디어를 얻었다고 해요. 물이 끓으면 주전자 뚜껑이 들썩들썩하잖아요. 아마 다른 사람이었다면 그냥 지나쳤을 거예요. 하지만 와트는 그 현상을 유심히 관찰했어요.

'증기의 힘이 지금보다 더 세다면 기계를 움직일 만한 에너지를 만들 수 있지 않을까?'

와트는 곧바로 증기로 움직이는 기관을 개발하기 시작했어요. 그때까지만 해도 기계를 움직이려면 사람의 힘으로 하거나 말이나 소 같은 가축의 힘을 빌렸거든요. 그런 점에서 보면 와트가 다른 에너지를 이용해 기계를 움직이겠다고 한 것은 아주 놀라운 생각이었지요.

누구도 생각하지 못한 새로운 것을 만들어 내는 일은 결코 쉬운 일이 아니었어요. 와트는 증기 기관을 만들면서 많은 실패를 경험

했어요. 빚더미에도 올라앉았지요.

하지만 와트는 '집념의 사나이'였답니다. 얼마 뒤, 석탄을 태워 물을 데우고, 거기서 발생한 증기로 기계를 움직이는 증기 기관을 만들어 냈어요."

나는 굴뚝에서 뿌연 김을 뭉게뭉게 내뿜으며 달리는 옛날 기차를 떠올렸어요. 굴뚝에서 나오는 증기가 기차를 움직이는 원동력이었던 거예요.

"아무도 예상하지 못한 일이었지만, 와트의 증기 기관은 공장에서 옷을 만드는 데도 사용되었고, 기관차도 움직일 수 있게 되었어요.

증기 기관의 발명은 인류의 생활을 송두리째 바꿔 놓은 큰 사건이었어요.

사람의 손을 빌리는 것보다 더 많은 물건을 만들 수 있게 되었고, 물건을 빨리 실어 나르는 기차와 배가 만들어졌으니까요.

와트의 증기 기관이 한때 영국이 세계에서 가장 부자 나라가 된 데 한몫했다고 말했지요? 증기 기관을 이용하면서 다른 나라보다 빨리 산업 혁명이 이루어졌고, 그로 인해 선진국이 될 수 있었거든요. 물론 다른 나라에서도 부랴부랴 증기 기관을 사 갔지요. 다시 말해서 와트의 지식이 영국과 세계의 운명을 바꿔 놓았다고 볼 수 있어요."

"선생님! 산업 혁명이 뭐예요?"

유빈이가 손을 번쩍 들고 질문했어요. 유빈이는 우리 반에서 제일 똑똑한 애예요. 그런데 희한하게 수업 시간에 제일 질문을 많이 하는 것도 유빈이랍니다.

"아, 설명을 깜빡했네. 와트의 증기 기관 같은 기계들이 발명되면서 물건을 한꺼번에 많이 만드는 일이 가능해졌어요. 그러면서 많은 산업이 번창했고, 그러는 동안 인류에게 많은 발전이 있었지요. 이걸 '산업 혁명'이라고 불러요."

유빈이가 이해했다는 듯이 고개를 크게 끄덕거렸어요. 선생님이 다시 입을 열었어요.

"산업 혁명이 일어나기까지도 지식이 정말 큰 역할을 했지만 지금은 지식의 힘이 더 강해졌어요. 세계의 모든 나라들이 지식을 이용하여 새로운 기술과 상품을 만들어 내고 있지요. 그중에서도 컴퓨터를 빼놓을 수가 없어요.

컴퓨터 황제 빌 게이츠는 하버드 법대를 다니던 시절, 일찌감치 컴퓨터가 세계를 움직일 것이라고 예상했어요. 전 세계 사람들이 사이버 세상에서 하나의 언어를 사용하게 될 것이라 확신하고, 컴퓨터를 움직이는 운영 프로그램을 만들기로 결심했답니다.

빌 게이츠는 과감히 학교를 그만두었어요. 그것도 하버드 대학을 말이에요. 그리고 전 세계 사람이 사용할 수 있는 컴퓨터 운

영 프로그램을 만드는 데 매달렸어요. 그렇게 탄생한 것이 마이크로소프트사에서 만들어 낸 도스^{DOS}와 윈도우^{Windows} 프로그램이에요.

그 후에 무슨 일이 일어났는 줄 아세요? 지구상에 사는 모든 사람들이 컴퓨터를 사용하고, 그중 대다수가 마이크로소프트사의 윈도우 프로그램을 사용하게 됐어요. 또한 인터넷을 이용하여 내 집 안방에서도 전 세계 사람들과 만나 이야기를 나누게 되었지요.

빌 게이츠는 컴퓨터 프로그램을 개발해서 큰 부자가 되었어요. 미국도 컴퓨터 프로그램에 있어서는 다른 나라를 앞지를 수 있었고요. 실제로 마이크로소프트사가 컴퓨터 프로그램을 팔아 벌어들이는 이익이 미국의 대표 산업인 자동차나 비행기 산업에서 얻는 이익보다 많다고 해요. 이렇게 되기까지 빌 게이츠의 지식과 아이디어가 얼마나 큰 역할을 했는지 짐작할 수 있겠죠?

이처럼 현대 사회에서 지식은 정말 중요한 역할을 해요. 미래의 산업 또한 마찬가지예요. 독창적이면서도 생활에 도움이 되는 새로운 기술과 발명품을 개발하느냐 못 하느냐에 따라서 미래 산업의 승자가 결정되기 때문이에요."

선생님은 칠판에다 커다랗게 '지식 재산권'이라고 썼어요.

"그러면 지금부터는 지식 재산권이 무엇인지 알아봐야겠죠?

재산이라는 말에서 추측할 수 있는 것처럼 지식 재산권은 '지식 재산을 보호하기 위해서 만든 법'이라고 할 수 있어요. 지식이 어떻게 재산이 될 수 있냐고요? 그건 지식을 어떻게 이용하느냐에 따라 달라요. 옛날과는 달리 요즘에는 지식을 머릿속에만 쌓아 두고 있지 않아요. 열심히 배우고 익힌 지식으로 무엇인가를 만들어 낼 수 있지요. 음악을 공부해서 작곡을 할 수도 있고, 미술을 배워서 멋진 그림을 그릴 수도 있고, 과학을 배워 멋진 발명품을 만들어 낼 수도 있어요. 이렇게 지식을 활용하여 무언가를 만들었을 때, 그 기술과 만들어 낸 물건에 대한 권리를 주는 것이 '지식 재산권'이에요.

여기서 놓치지 말아야 할 중요한 점이 있어요. 지식 재산권에는 주인이 있다는 사실이에요. 덧셈이나 뺄셈처럼 우리가 머릿속으로 배워서 알게 된 지식과는 약간 차이가 있지요.

지식 재산권을 보호해 주는 법도 있어요. 허락도 없이 기술을 함부로 훔쳐서 쓰는 사람이 있으면 안 되니까요. 지식 재산권법을 어긴다는 말은 주인의 허락 없이 그 기술을 가져다 쓴다는 말이에요. 어떤 사람들은 뻔히 잘못인 줄 알면서도 자신의 이익을 위해 뻔뻔하게 법을 어긴답니다. 도둑질을 했으니 마땅히 법의 심판을 받겠죠? 모르고 한 행동이었다고 하더라도 법의 심판을 피할 수는 없어요."

왠지 선생님이 내 쪽을 보면서 말씀하시는 것 같아 민망한 웃음이 나왔어요. 나는 살며시 고개를 돌려 재민이와 보람이의 표정을 살폈어요. 두 사람도 머쓱한 웃음을 짓고 있었어요.

"그럼 여기서 우리가 실수하기 쉬운 몇 가지 저작권 침해 상황의 예를 들어 볼까요?

'발표할 때 쓸 파워포인트 자료 만들었어? 나한테 예쁜 폰트 많은데, 너한테도 보내 줄게.'

'이 작가가 그린 일러스트들 너무 귀엽지 않아? 인쇄해서 스티커로 만들자.'

'삼촌, 요즘 유행하는 게임이 있는데, 나 그거 다운로드해 주면 안 돼요? 삼촌은 공짜로 다운로드하는 곳을 안다면서요. 엄마가 게임 못 사게 해요. 제발 삼촌…….'

다들 한 번쯤 해 본 말이죠? 하지만 이런 모든 행동이 누군가에게는 엄청난 피해를 입히는 일이에요. 다른 사람이 애써 창작하고 개발한 귀중한 재산을 허락도 받지 않고 사용하는 것이니까요.

불법인 줄 몰랐다는 건 이제 핑계가 안 돼요. 우리나라가 지식 재산권 보호를 엄격하게 시행한 지도 꽤 오래 되었으니까요. 텔레비전이나 신문에서도 많이 나온 이야기예요. 지식 재산권법은 어린이라고 특별히 봐주지 않으니까 더 자세히 알고 철저하게 지켜야 해요. 그래야 다른 사람의 소중한 권리를 지켜 줄 수 있어요. 굳이 법의 심판을 받지 않더라도 각자의 양심을 따라 법을 잘 지켜 주었으면 좋겠어요. 친구에게 지우개를 빌려 쓸 때도 허락을 받고 쓰잖아요. 마찬가지로 다른 사람의 소중한 재산을 사용하려면 당연히 허락을 받거나 값을 치러야 맞지 않겠어요?"

한눈에 보는 지식 재산권

 지식 재산권이란

지적 재산권, 지적 소유권이라고도 해요. 문학·예술 및 과학 작품, 연출, 예술가의 공연·음반 및 방송, 발명, 과학적 발견, 공업 디자인·등록 상표·상호 등에 대한 보호 권리와 공업·과학·문학 또는 예술 분야의 지적 활동에서 발생하는 모든 권리를 말해요.

 지식 재산권의 종류

산업 재산권 : 특허, 실용신안, 디자인, 상표 등에 대한 권리예요. 특허청에서 관리하고 있으며, 심사를 거쳐 등록을 해야만 보호가 된답니다. 보호 기간은 10~20년이에요.

저작권 : 문학 작품, 음악, 미술 등에 대한 권리예요. 문화체육관광부에서 관리하고 있지요. 보호 기간은 저작자의 생존기간과 죽은 뒤 70년이에요.

신지식 재산권 : 기존의 지식 재산권으로는 보호가 어려운 컴퓨터 프로그램, 유전자 조작 동식물, 반도체 설계, 인터넷, 캐릭터 산업 등에 대한 권리예요. 현재 컴퓨터 프로그램 보호권은 과학 기술부에서 관리하고 있어요. 보호 기간은 50년이에요.

03

지식 재산권의 1번 타자
발명

"선생님, 지식을 이용해 만든 물건에는 무엇 무엇이 있어요? 전화 같은 발명품도 지식 재산이에요?"

유빈이가 손을 들고 물었어요. 그건 나도 궁금하던 참이었어요. 지식을 이용해 만든 물건 하면 가장 먼저 발명품이 생각나니까요. 그것 말고도 지식 재산에는 또 무엇 무엇이 있는지 궁금했어요. 음악이나 영화도 지식 재산권을 가질 수 있을까요?

선생님은 질문이 반가웠던지 활짝 미소를 지으며, 칠판에 '지식 재산권의 종류'라고 썼어요.

"그래요. 발명품도 지식 재산에 포함돼요. 지식 재산권은 산업 분야의 창작물과 관련된 산업 재산권과 문화 예술 분야의 창작물과 관련된 저작권, 온라인 디지털 콘텐츠와 같은 신지식 재산권으로 나뉘어요. 먼저 여러분이 가장 재미있어 할 '발명' 이야기부터 해 줄 테니 잘 들어 보세요.

발명은 산업 재산권에 속하는 특허권과 관련 있어요. 발명품에 대한 권리를 인정해 주는 법이 특허법이거든요. 특허법에 대해서는 이따가 더 자세히 알아보도록 해요.

지식 재산권이 처음 만들어진 것은 여러 가지 발명품들 덕분이었어요. 그러면 지식 재산권에서 발명이 어떻게 구분되는지 볼까요?

선생님은 칠판의 한쪽에 '발명'이라고 썼어요.

"발명은 어린이들이라면 누구나 한 번쯤 꿈꾸는 근사한 일인 게 틀림없어요. 하지만 발명과 발견의 차이를 모르면 안 되겠지요? 발명과 발견은 비슷한 것 같으면서도 전혀 달라요.

먼저 콜럼버스 이야기를 들어 봐요. 콜럼버스는 여러분이 잘 알고 있는 것처럼 아메리카라는 신대륙을 유럽에 처음 알린 사람이에요. 하지만 콜럼버스가 도착하기 이전에도 아메리카 대륙은 이미 그곳에 존재하고 있었어요.

이런 경우 콜럼버스는 발명을 한 게 아니라 발견을 한 거예요. 콜럼버스가 신도 아닌데 무슨 수로 아메리카 대륙을 만들겠어요? 이렇게 이미 존재하고 있는 것을 찾아내는 것을 발견이라고 해요. 다시 말하면 이미 지구나 우주에 존재하는 사실을 증명하는 것이 '발견'이지요.

더 예를 들어 볼까요? 영국의 천재 수학자이자 물리학자인 뉴턴은 '모든 물체는 지구의 중력에 의해서 땅에 떨어진다'는 법칙을 발견한 사람이에요. 참, 지난 과학 시간에 잠깐 설명했었는데, 혹시 다들 기억하고 있나요?"

나는 얼른 기억을 되짚어 보았어요. 분명히 들었는데, 떠오르지가 않았어요. 다행히도 나만 그런 게 아닌가 봐요. 아이들이 모두 조용했어요. 선생님이 씨익 웃고는 다시 입을 뗐어요.

"'만유인력의 법칙'이라고 불러요. 그러면 천재 물리학자인

아인슈타인을 잊어버린 사람은 없겠지요? 아인슈타인이 증명한 '상대성 원리'도 이미 세상에 존재하는 법칙을 증명한 것이기 때문에 발견이라고 해요. 이처럼 발견은 이미 존재하는 사실을 연구하여 증명하는 거예요.

그렇다면 발명은 무엇일까요? 발명이란 지금까지 없던 것을 새로 만드는 거예요. 발명 중에는 기차, 자동차, 비행기, 전화, 컴퓨터 등 세상 사람들의 생활을 송두리째 바꿔 놓은 대발명도 있어요. 에디슨이나 빌 게이츠 등을 대발명가라고 한답니다. 그렇다고 해서 발명이 아주 어려운 것만은 아니에요. 지금까지 있

던 물건이나 기계에 새로운 기능을 더하거나 새로운 용도로 사용할 수 있도록 만드는 것도 발명이라고 하니까요.

자, 이제 발명과 발견의 차이는 정확히 알았지요?"

우리는 큰 소리로 '네' 하고 대답했어요.

"그럼 본격적으로 발명이 지식 재산권과 어떤 상관이 있는지 볼까요? 발명은 아이디어에서부터 시작해요. 작은 아이디어 하나가 발명에서는 큰 역할을 한답니다.

그렇다면 아이디어는 어디에서 구할까요? 바로 '필요'에서부터 구해요. 생활 속에서 불편한 점을 만나면 그것을 고칠 방법을 생각하잖아요. 거기서 발명의 아이디어를 얻는 것이지요. 다시 말하면 필요가 아이디어를 만들고, 아이디어가 발명을 낳는 거예요.

발명은 아주 작은 아이디어로부터 비롯되는 경우가 많아요. 발명가라고 하면 다들 대단한 사람이라고 알고 있지요? 만화 영화에 나오는 발명가들을 보면 대부분 그렇잖아요. 흰 수염을 기르고 밤낮으로 연구에만 몰두하는 사람을 상상할 수도 있어요. 하지만 다 그렇진 않아요. 세상에 유익한 발명을 한 사람들 중에는 평범한 사람들이 더 많거든요. 그들 중에는 여러분과 같은 어린 학생도 있어요."

선생님은 잠시 말을 멈추고 우리를 둘러보셨어요.

"다들 못 믿는 표정이네. 자, 그럼 미국 필라델피아에 살았던 하이먼 얘기를 해 줄게요.

하이먼은 공부를 할 때마다 지우개를 잃어버려서 신경질이 났대요. 여러분도 그런 적이 많잖아요. 하이먼이 얼마나 짜증이 났는지 이해할 수 있겠지요?

'지우개에 발이라도 달렸나?'

꼭 필요할 때 지우개가 보이지 않으면 신경질이 날 만도 하지요. 매번 지우개를 잃어버리자 하이먼은 한 가지 궁리를 했어요.

'지우개를 작게 잘라 연필 끝에 씌어 놓으면 어떨까? 그러면 필요할 때 지우개를 찾느라고 허둥대는 일이 없겠지?'

하이먼은 곧바로 지우개를 작게 잘라 연필 끝에 씌워 보았어요. 지우개 달린 연필이 만들어지는 역사적인 순간이었지요.

그러던 어느 날, 하이먼의 집에 윌리엄이라는 사람이 놀러 왔어요. 윌리엄은 하이먼이 사용하는 연필을 보고 깜짝 놀랐어요.

'와, 정말 멋진 생각인걸!'

윌리엄은 당장 하이먼의 손을 잡고 특허청으로 달려갔어요. 새로운 발명품을 만들면 특허청에 가서 신고를 해야 그 권리를 인정받을 수 있거든요. 윌리엄과 하이먼은 지우개 달린 연필이 앞으로 큰 인기를 끌 것이라고 판단했어요. 두 사람은 지우개 달린 연필에 대한 소유권, 그러니까 특허권을 얻은 뒤에,

15,000달러라는 큰 계약금을 받고 연필 제조회사에 발명품을 팔았답니다. 또 연필 한 자루를 팔 때마다 판매 가격의 2퍼센트를 받기로 했어요. 그래, 보람이 질문 있니?"

"15,000달러가 한국 돈으로 얼마예요?"

보람이다운 질문이었어요. 선생님이 피식하고 웃음을 터뜨렸어요.

"보람이한테 숙제로 내 줄게요. 내일까지 알아 오세요. 인터넷이 숙제 베낄 때가 아니어도 유용하다는 걸 알게 될 거예요."

여기저기서 웃음소리가 터져 나왔어요. 나도 웃음이 나서 고개를 숙이고 쿡쿡 웃었어요. 선생님이 다시 이야기를 시작했어요.

"특허를 받은 그때부터 지금까지 팔린 연필 개수가 얼마나 될까요? 너무 많아서 다 셀 수가 없을 정도예요. 지금 여러분의 책상 위나 필통 속에도 지우개 달린 연필이 몇 자루씩은 있잖아요.

이처럼 발명은 특별한 사람만이 할 수 있는 게 아니에요. 필요한 것이 있다면 직접 그것을 만들기 위해 궁리를 해 보세요. 궁리 끝에 좋은 아이디어를 얻어 낸다면 누구나 발명가가 될 수 있으니까요.

한 사람 더 예를 들어 볼게요. 이 사람은 작은 아이디어로 큰 기업을 만든 사람이에요. 면도기를 만드는 세계적인 기업 '질레트 사'는 질레트라는 사람의 이름을 따서 만들었어요.

질레트는 성격이 매우 급한 사람이었어요. 면도를 할 때마다 면도날로 얼굴을 베기 일쑤였거든요. 하지만 질레트는 자신의 급한 성격을 탓하기보다 면도기를 탓했어요.

'면도기를 왜 이따위로 만든 거야?'

그 당시의 면도기는 지금과는 달리 부엌에서 사용하는 과도와 비슷한 모양이었어요. 그러다 보니 불편한 점이 한둘이 아니었지요. 매일 날을 갈아야 하고, 가지고 다니기에도 불편한 점이 많았어요.

질레트는 간편한 면도기가 필요했어요. 그러다가 좋은 아이디어를 떠올렸답니다. 이미 깎은 수염은 밖으로 나오게 하고 면도날은 고정시켜서 몇 번이고 수염을 깎을 수 있도록 한 것이지요. 크기도 줄여서 가지고 다니기에 간편하게 만들었어요.

질레트는 자신의 아이디어를 이용해 만든 면도기를 다른 사람들에게 팔아 보기로 마음먹었어요. 면도를 할 때마다 질레트와 같은 불편함을 겪던 많은 남자들이 너도나도 질레트의 면도기를 사 갔어요. 그 후로는 '면도기' 하면 누구나 '질레트 면도기'를 떠올리게 되었답니다."

선생님이 잠깐 말을 멈추었어요.

"아차, 여러분에게는 방금 든 예가 잘 와 닿지 않겠군요. 그러면 여러분도 잘 이해할 만한 발명 이야기를 해 줄게요. 일본에는 니혼이라는 전자 회사가 있어요. 니혼 회사는 세계적으로 유명한 기업이에요.

니혼 회사가 지금처럼 규모가 크지 않았을 때 얘기예요. 그 당시 회사에는 상품 포장을 담당하는 오모라는 직원이 있었어요. 오모는 상품 포장을 하면서 늘 한 가지 문제로 불편함을 겪었어요. 상품을 포장하려면 포장지와 끈 그리고 칼이 있어야 하잖아요. 그런데 너무 많은 상품을 포장하다 보니 끈을 자르는 칼이 쉽게 무뎌졌어요. 그때마다 오모는 일을 멈추고 칼날을 바꾸거나 새 칼을 찾았다고 해요. 그러다 보니 자꾸만 속도가 떨어지고, 포장할 상품들이 수북이 쌓였답니다. 퇴근 시간도 늦어질 수밖에 없었고요.

다른 사람들은 어쩔 수 없다며 계속 같은 방법으로 포장을 했지만 오모는 달랐어요. 다른 좋은 방법이 없을까 고민하던 중, 어느 날 우연히 우표를 보고 기막힌 아이디어를 얻은 거예요. 우표는 쉽게 찢을 수 있도록 중간 중간에 구멍을 뚫어 놓잖아요.

오모는 칼날도 우표처럼 잘리기 쉽게 만들면 어떨까 생각했어요. 새 칼날로 갈아 끼우지 않고 무뎌진 부분만 잘라 내고 사용하는 것이지요. 그렇게 해서 요즘 우리가 자주 사용하는 '커터 칼'이 만들어졌어요. 시간도 절약, 돈도 절약하게 된 거예요!

일본의 니혼 전자 회사는 오모의 작은 발명으로 다른 회사보다 빨리 일을 처리할 수 있게 되었고, 그 덕분에 큰 이익을 남기게 되었어요. 생산부 말단 직원이었던 오모도 그 작은 발명 덕분에 높은 자리까지 승진할 수가 있었고요.

이처럼 발명에는 전구나 전화기, 증기 기관처럼 우리의 생활을 완전히 뒤바꾸어 놓는 대발명도 있지만 지우개 달린 연필이나 면도기, 커터 칼처럼 생활에서 겪는 불편한 점들 때문에 생각해 낸 작은 발명도 있답니다. 또 시작은 아주 사소했지만 결과적으로 대발명이 되는 경우도 많아요.

이미 만들어진 제품을 다른 용도로 사용하기 위해 모양을 바꾸거나 기능을 추가해 내놓은 것도 발명이에요. 국에서 건더기만 뜨고 싶을 때 사용하는 구멍 국자라든지, 넓은 범위에 적은 양을 묻혀 사용할 수 있는 뿌리는 접착제를 예로 들 수 있겠네요. 그러니까 발명을 너무 어렵게 생각할 필요는 없단 말씀! 가끔은 너무 간단해서 '저 정도면 나도 충분히 만들 수 있을 텐데.' 하고 생각할 정도랍니다.

단, 발명으로 인정받으려면 생활 속에서 사용할 수 있어야만 해요. 또 가능하면 많은 사람들이 사용할 수 있도록 대량으로 만들 수 있어야 하고요. 그래야 진짜 발명으로 인정을 받을 수 있어요."

"유재민! 졸지 말고 잘 들으세요!"

선생님이 이야기를 하다 말고 갑자기 재민이의 이름을 불렀어요. 옆을 보니, 재민이는 한참 꿈나라에 가 있었어요.

"야, 유재민, 일어나."

나는 재민이를 흔들어 깨웠어요.

"네, 선생님!"

재민이는 화들짝 놀라며 자리에서 벌떡 일어났어요.

"하하하!"

반 아이들은 그런 재민이를 보고 한바탕 웃음을 터뜨렸지요. 선생님도 싱긋 웃을 뿐 재민이를 크게 야단치지는 않았어요.

"재민아, 잘 들어야 해. 이제 본격적으로 지식 재산권 얘기를 할 거니까. 앞으로 여러분이 가진 지식 재산이 얼마나 큰 값어치가 될지 생각해 봐요. 재민이처럼 졸다가는 좋은 아이디어나 발명품이 있어도 남한테 다 빼앗기고 말 거예요."

선생님은 칠판 쪽으로 돌아서서는 '지식 재산권의 종류' 밑으로 '산업 재산권'을 적어 넣었어요.

"사람들이 만든 발명품들은 대부분 이 산업 재산권 안에 들어간답니다. 컴퓨터 같은 발명품을 딱 한 대밖에 만들 수 없다면 지식 재산권이 굳이 필요하지 않아요. 여러 사람이 돈을 주고 살 수 있어야 해요. 그러자면 컴퓨터를 여러 대 만들 수 있는 공장이 필요하지요. 앞에서 발명으로 인정받으려면 물건을 대량으로 만들 수 있어야 한다고 했지요? 조금 어려운 말로 하면 '대량 생산'이라고 해요. 선생님 설명이 어렵나요? 그래도 지금까지는 다 이해했지요?"

"네."

우리는 크게 대답했어요. 우리 선생님은 어려운 내용도 쉽게 잘 가르쳐요. 물론 그래서 선생님이 되었겠지요?

"대량 생산을 하려면 무엇이 필요하다고요?"

"공장이요!"

"그래요. 공장이 필요해요. 공장은 산업 시설이에요. 그래서 지식 재산권 중에서도 발명품이나 새로운 기술에 대한 권리를 '산업 재산권'이라고 따로 분류해서 보호하고 있답니다. 경태야, 재민이 좀 다시 깨워 줄래?"

이런! 옆을 보니 재민이가 또 꿈나라에 가 있었어요. 여하튼 못 말린다니까요.

"산업 재산권을 얻으려면 발명만으로 그쳐서는 안 돼요. 그 발명품을 많은 사람들이 사용할 수 있도록 대량으로 만들 수 있어야 해요. 산업이 되어야 한다는 뜻이지요. 산업은 사람들에게 필요한 물건을 대량으로 재배하거나 만들고 서비스하는 것을 말해요. 흔히 공업, 농업, 수산업, 광업, 금융업, 서비스업 등을 다 포함하는 말이에요.

사실 모든 발명은 산업화되기 위해 이루어진다고 할 수 있어요. 물건을 대량으로 만들기 위해서는 많은 돈이 필요해요. 물건을 만들어 내놓으려면 기계도 있어야 하고, 공장도 있어야 하고, 만들어진 물건을 시장까지 가져갈 차도 있어야 하지요.

그렇게 많은 돈을 들여 제품을 만들어 냈는데, 다른 사람이 아이디어를 몰래 훔쳐서 똑같은 제품을 만들어 더 싸게 판다고 생각해 봐요. 그러면 애써 제품을 발명하고, 많은 돈을 투자해 공장을 지은 사람들이 피해를 입지 않겠어요? 그래서 지식 재산권 중

의 하나인 '산업 재산권'이 필요한 거예요.

산업 재산권이 우리 생활에 끼치는 영향은 아주 커요. 우리가 타고 다니는 자동차 속에도 수많은 산업 재산권이 있고, 분필이나 학용품 등에도 산업 재산권이 있답니다. 이런 것들을 사 올 때 권리에 대한 비용을 따로 떼어서 계산해 주는 것이죠. 산업 재산권에 대한 예를 말해 줄게요.

미국의 어느 한적한 시골 마을에 조지프라는 소년이 살고 있었어요. 조지프는 집이 몹시 가난해서 학교에 다닐 수는 없었지만 책 읽기를 무척이나 좋아했답니다. 남의 집 목장에서 일을 하

면서도 옆구리에 늘 책을 끼우고 다닐 정도였다지 뭐예요."

나는 조지프가 우리 학교에 다니는 상상을 해 보았어요. 조지프라면 매주 선생님이 내 주는 독후감 쓰기 숙제를 잘 해 왔을 텐데, 학교에 다닐 수 없었다니 안타까운 마음이 들었어요.

"그런 조지프에게도 골칫거리가 하나 있었어요. 바로 책을 읽는 동안 양들이 자꾸 철조망을 넘어 도망을 치는 것이었어요. 그런 일이 잦자 조지프는 방법을 궁리하기 시작했어요.

'양들이 철조망을 빠져나가지 않게 할 방법이 없

을까?'

 생각해 보니 아주 간단한 일이었어요. 철조망에 뾰족뾰족한 가시를 다는 거예요. 그러면 양들이 가시 때문에 철조망을 넘으려 하지 않을 테니까요. 조지프는 철사를 이용해 즉시 철조망에 가시를 달았어요.

 목장 주인도 조지프가 만든 철조망을 보고 매우 놀랐어요.

 그 뒤 가시철조망은 상품으로 만들어져 온 나라로 팔려 나갔어요. 그뿐 아니에요. 제1차 세계 대전이 일어나면서 전쟁터에서도 가시철조망을 필요로 했어요. 적군이 가까이 접근하지 못하게 하기 위해서였지요.

 가시철조망은 공장에서 대량으로 생산되었어요. 산업 재산권을 인정받았기에 조지프와 계약을 맺은 공장에서만 만들 수 있었지요. 전 세계에서 가시철조망을 필요로 했으니까 얼마나 많이 만들었는지 짐작할 수 있겠죠? 그 덕분에 조지프와 목장 주인은 큰돈을 벌게 되었답니다.

 이런 예는 또 있어요. 미국의 서부가 개발된 것은 금광 때문이에요. 19세기 말에서 20세기 초, 당시 일어난 대표적인 현상 중 하나가 '골드러시$^{Gold\ rush}$'예요. 골드러시란 미국 서부에서 금광이나 금가루 채취가 활발히 이뤄지면서 금을 얻기 위해 미국인들이 서부로 몰려든 현상이에요.

그런데 많은 사람이 서부에 한꺼번에 몰리자 이것저것 부족한 게 한둘이 아니지 뭐예요. 먹을 것도 부족하고 인부들이 잠을 잘 집도 턱없이 부족했어요. 인부들은 집 대신에 잘 곳을 찾아야 했어요. 어떻게 했을까요? 힌트를 주자면, 미국 서부의 날씨는 온화하고 비가 적게 내린답니다."

"노숙이요!"

재민이의 목소리가 들렸어요. 옆을 보니 재민이의 눈이 말똥말똥했어요. 아까 그렇게 푹 자더니 이제 쌩쌩해진 모양이에요. 선생님은 고개를 갸웃하셨어요.

"틀린 말은 아닌데……, 다른 의견 있는 사람? 서진이가 말해 볼래?"

"텐트를 치지 않았을까요?"

서진이의 대답에 선생님의 얼굴이 환해졌어요.

"맞아요! 인부들은 집 대신 텐트에서 임시로 생활했답니다.

그런 이유로 사람들은 서부에 도착하자마자 가장 먼저 텐트부터 샀지요.

스트라우스는 발 빠르게도 서부로 몰려든 사람들에게 텐트를 만들어 팔았어요. 그러던 어느 날 스트라우스에게 큰 행운이 찾아왔어요. 수많은 인부들을 고용하고 있던 금광에서 스트라우스에게 텐트를 주문한 거예요.

주문을 받은 스트라우스는 처음에 어리둥절했어요. 주문 수량이 너무나도 많았거든요. 재료를 사는 데 전 재산을 투자해야 할 만큼 많은 양이었어요. 금광 주인은 몇 번이나 수량을 묻는 스트라우스를 안심시켰어요.

'약속대로 값을 정확히 계산해 줄 테니 나만 믿고 어서 텐트를 만들어 주시오.'

스트라우스는 금광 주인의 약속을 믿고 곧 텐트 제작을 시작했어요. 그런데 그만 스트라우스가 걱정하던 일이 벌어지고 말았어요. 금광 개발에 실패한 금광 주인이 자취를 감추고 만 거예요.

엄청난 양의 텐트를 쌓아 놓고 스트라우스는 한숨만 푹푹 내쉬었어요. 이제 빈털터리가 되는 건 시간문제였지요. 혹시나 하는 마음으로 금광에 여러 번 찾아가 보았지만 금광 주인은 땅으로 꺼졌는지, 하늘로 솟았는지 전혀 행방을 알 수 없었어요.

그런데 집으로 돌아가던 스트라우스의 눈에 인부들이 텐트촌에 삼삼오오 모여 있는 게 보였어요. 다들 해지고 찢어진 작업복을 입고 있었지요. 당시 인부들의 옷은 힘한 일을 하는 데 비해 옷감이 너무 약했거든요.

그때, 스트라우스의 머릿속을 스치는 기발한 생각이 있었어요.

'질긴 천으로 바지를 만들면 저렇게 해지지는 않을 텐데…….예를들면 텐트 천처럼 질긴 것으로 말이야.'

거기까지 생각이 미친 스트라우스는 부랴부랴 공장으로 돌아왔어요. 그리고 쌓아 두었던 텐트를 가위로 싹둑싹둑 자르고 박음질하여 튼튼한 바지를 만들어 냈어요. 그게 바로……."

선생님이 말을 멈추고 고개를 앞으로 쭉 뺐어요.

"도윤이가 잠깐만 일어나서 친구들한테 바지를 한번 보여 줄래?"

우리의 시선이 일제히 도윤이를 향했어요. 자리에서 일어나는 도윤이의 귀가 조금 빨개진 것 같았어요. 도윤이는 수줍음이 많은 친구거든요.

"도윤이가 입고 있는 청바지가 그렇게 해서 탄생한 거예요. 고마워, 도윤아. 이제 앉아도 돼."

도윤이는 뿌듯한 표정으로 자리에 앉았어요. 선생님이 다시 설명을 시작했어요.

"질기고 활동하기도 편한 청바지는 금광에서 일하는 인부들에게 큰 환영을 받았어요. 인부들에게만 인기가 있었냐고요? 청바지는 미국인들이 가장 즐겨 입는 바지가 되었고, 또 얼마 뒤에는 전 세계 사람이 즐겨 입는 바지가 되었지요.

여기에도 산업 재산권이 적용되었어요. 산업 재산권의 보호를 받는 기간 동안 사람들은 스트라우스가 만든 청바지만 입을 수 있었거든요. 그러니 스트라우스가 청바지를 만들어 얼마나 많은 돈을 벌었을지 생각해 봐요!

산업 재산권에는 **특허권, 디자인권, 실용신안권, 상표권**이 있어요. 특허권은 조금 이따가 신청 과정과 함께 자세히 풀어서 설명할 거예요. 요즘에는 산업 재산권 중 디자인권에 대한 비중이 매우 높아졌어요. 예전에는 단순히 아름답게 만들기 위해서 필요하던 디자인이 최근 상품을 사는 중요한 기준이 되면서 디자인에 대한 가치가 올라간 거예요.

디자인에 대한 권리는 우리나라는 물론 세계적으로 엄격하게 보호하고 있어요. 언젠가 우리나라에서 만든 승용차를 보고 다른 나라에서 모양을 그대로 본떠 만든 적이 있어요. 그 사실이 알려지면서 우리나라 자동차 회사는 물론이고 온 국민이 크게 화를 냈어요. 디자인을 베끼는 것도 '도둑질'과 같기 때문이에요.

다른 사람의 디자인을 베끼는 행위는 지식 재산권법을 어기는 행동이에요. 그런데 '모양 좀 비슷하게 만들면 어때?' 하고 생각하는 사람들이 있어요. 우리나라에도 그런 생각으로 상품을 만드는 사람들이 많았던 적이 있었고요.

하지만 이제 그런 일은 불가능해요. 벌금을 물거나 경우에 따라서는 감옥에 갈 수 있거든요. 선진국일수록 남의 디자인을 베끼는 경우 더 많은 벌금을 물어야 해요. 디자인권을 가진 회사에 얼마의 손해를 입혔는지 따져 보고 그 돈까지 다 물어 줘야 하지요."

옆에서 '헉' 하는 소리가 났어요. 보람이가 놀라서 낸 소리였어요.

"이렇게까지 엄격할 줄은 몰랐지요? 하지만 그렇게 하는 데는 다 이유가 있어요. 가방을 예로 들어 볼까요? 가방을 만드는 회사는 아주 많아요. 하루에도 수십 종류의 가방이 쏟아져 나오지요. 가방의 기능이나 재질이 비슷한 경우 사람들은 디자인을 보고 마음에 드는 것을 골라요. 그러다 보니 자연스레 디자인 자체가 제품 선택의 큰 기준이 되었고, 그만큼 디자인이 중요하다고 생각하게 되었지요. 옷이나 신발, 가방, 액세서리 등의 패션 산업이 대표적인 예랍니다.

디자인으로 성공한 가장 오래된 사례를 하나 들려줄게요. 미국 문화의 상징 하면 떠오르는 게 바로 코카콜라예요. 코카콜라는 맥도날드 햄버거와 함께 세계 곳곳에서 가장 많이 팔리고 있는 음료예요.

코카콜라가 만들어진 지도 100년이 넘었군요. 코카콜라는 제품 개발을 다 끝내고 나서 판매를 시작했어요. 처음 맛보는 맛에 많은 사람들이 코카콜라를 찾았지요. 그런데 문제가 생겼어요. 코카콜라가 인기를 끌자 비슷한 상품들이 마구 쏟아져 나오기 시작한 거예요.

 코카콜라 회사에서는 고민 끝에 다른 회사들이 흉내 낼 수 없는 모양의 병을 만들기로 했어요. 그런데 갑자기 기발한 콜라 병이 만들어질 수는 없잖아요? 그래서 디자인 공모를 했지요."

 "선생님, 공모했다는 게 무슨 말이에요?"

 유빈이가 또 손을 번쩍 들면서 질문했어요.

 "기업에서 포상금을 걸고 우수한 제품이나 아이디어를 뽑는 것을 공모라고 해요. 이해 됐나요?"

 "네!"

 유빈이가 기운차게 대답했어요.

 "그럼 이야기를 계속할게요. 그즈음 미국의 가난한 한 농부인 루드는 결혼을 앞두고 돈 때문에 고민을 하고 있었어요. 그러다가 코카콜라 회사의 디자인 공모 얘기를 듣고 당장 참가하기로 마음먹었지요. 그러나 아무리 머리를 쥐어짜도 좋은 아이디어가 나오지 않았어요.

 루드가 몇 주 동안 방 안에 틀어박혀 꼼짝하지 않자 루드의 약혼자가 걱정이 되어 찾아왔어요. 그녀가 문을 열고 들어오는 순간, 루드는 기발한 아이디어를 얻게 되었답니다. 햇살을 등지고 선 약혼자의 실루엣을 보고 새로운 콜라 병 모양을 연상한 거예요. 루드는 허리가 쏙 들어간 콜라 병 모양을 디자인 도안으로 냈고, 결국 공모에 뽑혀 600만 달러라는 거금을 받게 되었답니다. 물론 코카콜라 회사도 독특한 디자인의 새 콜라 병 덕분에 더 많은 돈을 벌었고요.

산업 재산권 중 하나인 실용신안권은 산업 분야에서 실제로 사용할 수 있는 물품의 새로운 형상이나 구조 또는 이들의 조합에 관한 권리예요. 기업들은 경쟁 회사보다 나은 기술과 장비를 이용해 상품을 기왕이면 좀 더 싸게 만들려고 해요. 그래서 많은 돈을 투자해서 보다 실용적인 방법이나 기술, 장비들을 만들어 낸답니다.

나라에서도 '실용신안법'을 만들어 기업이나 개인의 권리를

보호해 주고 있고요. 소비자는 물건을 싸게 구입할 수 있어서 좋고, 기업은 좋은 기술로 물건을 더 값싸게 만들 수 있어서 좋지요.

그런데 애써 개발한 기술이나 장비 등을 남이 허락도 받지 않고 마음대로 사용한다면 어떻게 될까요? 크고 작은 분쟁이 생기는 것은 둘째 치고, 어떤 기업에서도 기술이나 장비를 만들지 않을 테고, 결국 나라 산업도 크게 뒤처지고 말 거예요.

또 한 가지, 산업 재산권에서 빠뜨릴 수 없는 게 바로 **상표권**이에요. 상표권이란 어떤 사람이 먼저 등록한 상표를 다른 사람이 함부로 사용할 수 없도록 만든 법이에요. 과자이름이나 옷 이

름, 가게 이름 등이 상표에 해당해요."

"어? 저는 가게 이름이 똑같은 걸 본 적 있는데요?"

뒤쪽에서 한결이의 목소리가 들렸어요. 한결이 말을 들어 보니 정말 그랬어요. 저번에 한결이네 동네에 놀러 갔을 때 우리 집 앞에 있는 가게랑 똑같은 이름의 가게를 봤었거든요.

"물론 그럴 수도 있어요. 그런 경우는 대개 큰 회사에서 제품이나 가게 이름을 상표권으로 등록한 뒤 운영하는 경우예요. 다시 말하면 상표권은 제품 이름이나 상호를 다른 회사 등이 사용할 수 없도록 하기 위해 만든 거예요. 만약 이미 등록된 제품 이름이나 상호를 허락 없이 사용할 경우에는 법에 의해 처벌을 받게 돼요.

상표권을 등록하면 다른 회사에서는 똑같거나 비슷한 상표를 사용할 수 없어요. 상표를 독점하여 사용할 수 있는 기간은 10년인데, 다른 산업 재산권과 달리 절차를 거쳐 10년씩 기간을 연장할 수 있어요. 원하기만 하면 언제까지나 사용할 수 있는 권리지요.

이렇듯 산업 재산권은 모든 산업에 걸쳐 깊은 영향을 끼치고 있어요. 어떤 제품을 만들든지 산업 재산권과 다 관계가 있거든요. 그래서 간단한 제품 하나를 만들더라도 항상 다른 사람의 지식 재산권에 피해를 입히게 되는 것은 아닌지 주의를 기울여야 해요. 상표를 만들 때도 다른 데서 이미 쓰고 있는 것은 아닌지 살펴야 하고, 디자인을 낼 때도 어디선가 얼핏 본 디자인을 자기도 모르게 흉내 내고 있지는 않은지 잘 살펴야 해요. 그렇지 않으면 비싸게 돈을 투자하여 생산한 제품이나 기계 설비를 사용할 수조차 없고, 비싼 벌금까지 내야 한답니다."

작전 타임1
지식 재산권을 수비하라

"발명을 한 뒤 산업으로 발전시키려면 한 가지 중요한 과정을 거쳐야 해요. 바로 특허권을 얻는 것이지요. 특허권은 앞에서 말했다시피 산업 재산권의 한 종류랍니다. 산업 재산권의 핵심이기 때문에 더 자세히 설명해 줄게요. 더불어서 특허 신청 방법도 같이 살펴보면 좋겠죠?"

선생님은 칠판에 '특허', '특허권', '특허청'을 차례대로 썼어요.

"요즘에는 어떤 발명품이든지 특허권을 얻어야만 법의 보호를 받을 수 있어요. 새로 발명한 기술이나 발명품, 기계의 권리가 자신이나 회사에만 있다는 것을 공식적으로 인정받아야 하는 거예요. 이것을 특허라고 하고, 법으로 인정해 주는 권리를 특허권이라고 해요. 그리고 이 권리를 법으로 인정해 주는 기관을 **특허청**이라고 불러요.

물론 무작정 특허청에 서류만 낸다고 해서 인정받을 수 있는 게 아니에요. 독점적인 권리를 인정해 주는 것이니만큼 까다로운 심사를 거쳐야 하지요.

그럼 특허권을 받기까지의 구체적인 과정을 알아볼까요?

먼저 아이디어가 있어야 해요. 그리고 자신과 같은 아이디어로 특허를 받은 사람이 없는지 알아보아야 해요. 없다는 게 확인이 되면 설계도나 도면 등으로 아이디어를 좀 더 구체화시켜야 해요.

이렇게 세상을 향해 나갈 준비를 마친 아이디어를 특허청에 내면 심사를 받게 돼요. 물론 몇 가지 절차가 필요하지요. 준비해야 할 서류도 많답니다. 만약 혼자서 준비하기가 벅차다면 변리사와 같은 전문가의 도움을 받는 게 좋아요.

그럼 이제 무엇 무엇을 준비해야 하는지 볼까요?"

선생님의 말이 끝나자마자 보람이가 공책을 펼치고 연필을 고쳐 잡았어요. 나는 보람이에게 속닥속닥 물었어요.

"야, 네가 무슨 발명이라도 하게?"

보람이는 조용히 하라는 듯 나를 한 번 흘기고 선생님의 말에 집중했어요.

"먼저 특허를 신청하는 사람의 이름과 주민 등록 번호 등을 적은 '출원서'가 필요하고, 발명 내용을 밝힌 '명세서'와 필요하다면 발명품을 그림으로 그린 '도면' 등이 필요해요. 이 서류들을 다 갖추고 나면 특허청에 가서 특허권을 신청할 수 있답니다.

심사하는 사람들은 '과연 이것이 발명으로서의 가치가 있는가?'를 꼼꼼히 살피고 판단해요. 심사 기간은 하루이틀에 끝나지 않아요. 경우에 따라서는 아주 오래 걸리기도 하지요. 이렇게 힘

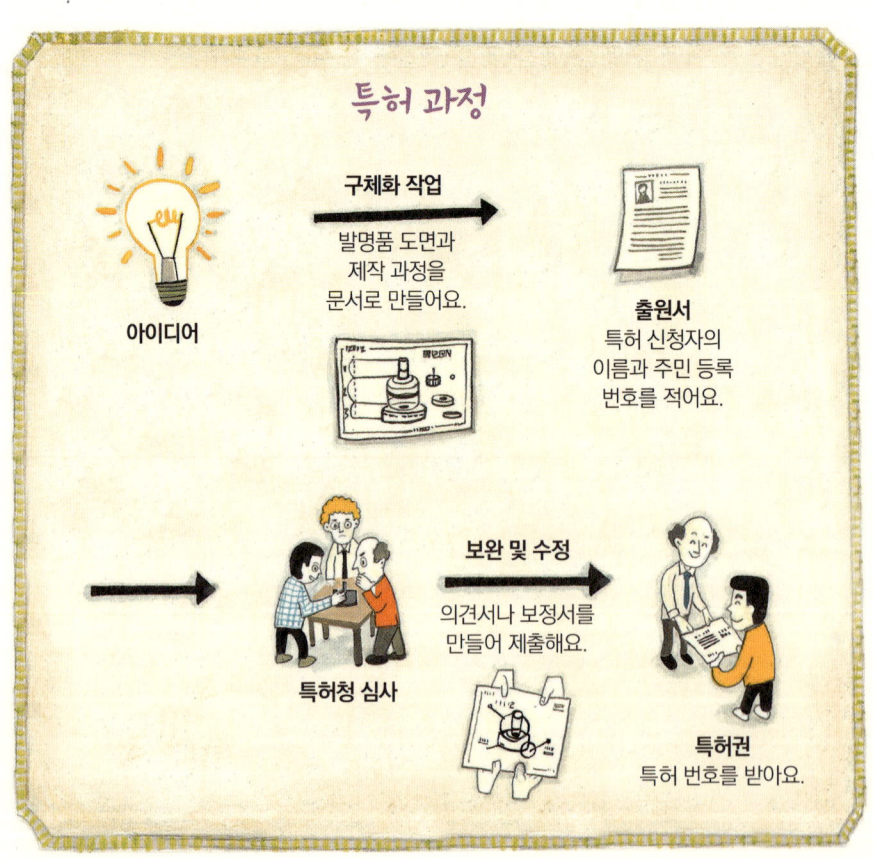

든 과정을 거친다고 해도 모든 아이디어가 특허권을 받는 것은 아니에요. 사실 거절당하는 경우가 훨씬 더 많아요. 그때는 아이디어를 보강하거나 수정한 '의견서'나 '보정서'를 제출해야 해요.

특허권을 인정받으면 특허청에서는 특허 번호를 내준답니다. 특허 번호만 있으면 어느 누구도 권리를 훔치거나 빼앗을 수 없어요."

나는 선생님의 설명이 조금 어려웠는데 보람이는 공책에다 뭐라고 열심히 적고 있었어요.

"독창적이고 기발한 아이디어는 좋은 상품으로 연결될 가능성이 매우 높아요. 하지만 아무리 독창적이라고 해도 특허권을 얻지 못하는 경우가 있답니다. 특허를 받기 위해서는 몇 가지 조건이 있어요.

첫째, 생활에 유용하게 쓸 수 있는 발명이어야만 해요. 예를 들면 과학자들이 실험을 하기 위해서 만들어 낸 기계나 기구, 방법 등은 특허 대상이 아니에요.

둘째, 생산이 가능해야 해요. 즉 생활에 필요한 '제품'으로 만들 수 있어야 한답니다. 예를 들면 의학 분야에서 새로운 치료 방법, 수술 방법 등을 내놓았다고 해도 그건 제품이 아니기 때문에 특허권을 받을 수 없어요. 다만 의료 기계나 장비 등을 개발하여 병원 등에 팔 수 있다면 그것은 특허로 인정받을 수 있어요.

셋째, 독창성이 있어야 해요. 이미 많은 사람들이 사용하거나 알려진 아이디어나 기계 등으로는 특허권을 얻을 수 없어요. 특허로 인정받기 위해서는 세상에 알려지지 않은 새로운 기술이나 발명품이어야 해요.

넷째, 기존 기술보다 크게 향상된 기술이어야 해요. 해당 분야의 산업을 한 단계 발전시킬 수 있는 발명품이어야 해요. 특허를 심사할 때 가장 중요하게 생각하는 부분이라고 해요.

이 밖에도 완성되지 못한 발명, 많은 사람들에게 손해를 입히는 발명은 특허로 인정받을 수 없어요.

특허권을 얻게 되면 특허청에서 낸 공고를 확인한 기업들이 특허를 얻은 발명품이나 기술에 대해 많은 관심을 보일 거예요. 기업은 상품으로 만들어 팔 수 있다는 판단이 서면 곧장 특허권을 가진 사람에게 연락을 하지요.

자신이 직접 돈을 투자해 상품을 만들 수도 있지만 돈이 부족하다면 계약을 통해 기업에 특허권을 팔 수도 있어요. 아니면 일정 기간만 사용할 수 있는 권한을 넘겨줄 수도 있고요. 발명품이나 기술은 이러한 과정들을 통해 상품으로 변신을 하게 돼요."

설명을 끝낸 선생님은 열심히 듣고 있는 보람이를 보고 활짝 웃으셨어요.

"보람이한테 발명 아이디어가 있나 보다. 여러분이 특허를 낼 일이 있을지도 모르니, 주의해야 할 상황을 하나 말해 줄게요.

누군가가 자신과 똑같은 아이디어를 가지고 발명품을 만들고 있는 경우예요. 이때는 **'누가 먼저 특허출원을 하느냐'**가 중요하답니다. 빠르면 빠를수록 좋아요. 특허권 빨리 내기 시합을 벌인 재미있는 일화를 들려줄게요.

1876년 2월 14일, 이날 알렉산더 그레이엄 벨과 엘리샤 그레이는 거의 동시에 전화 발명 특허 신청을 했어요. 그런데 3월 7일, 미국 특허 사무국은 '전기 진동을 일으켜 목소리나 그 밖의 소리를 전신으로 전달하는 방법과 기구'에 대한 특허를 벨에게 주었답니다. 벨이 그레이보다 두 시간 빨리 특허를 신청했기 때문이에요. 아주 간발의 차이였던 것이죠. 그 뒤 전화는 상품으로 만들어져 미국 전역에 팔려 나갔고, 덕분에 벨은 큰돈을 벌게 됐어요. 지금은 전 세계 사람들이 '전화기' 하면 가장 먼저 벨을 떠올리게 되었고요.

그러면 지식 재산권의 시초라 할 수 있는 특허권이 언제 만들어졌는지 궁금해지지 않나요? 19세기까지는 사람들이 필요한 물건들을 저마다 집에서 만들어 썼기 때문에 특허권이라는 게 따로 없었어요. 그런데 우리 사회가 공업화가 되고 공장에서 많은 제품들이 쏟아져 나오면서부터, 새로운 발명을 한 사람들의 권리를 법으로 보장하기 위해 특허법이 만들어졌답니다.

물론 처음에는 잘 지켜지지 않았어요. 다른 회사나 나라에서 좋은 발명품이 나오면 마음대로 베껴서 사용하는 경우가 많았지요. 그러다 보니 여러 가지 문제점이 생기고, 싸움이 일어나기도 했어요. 기껏 만든 발명품을 이 사람 저 사람 마음대로 사용하면서 기술이나 기계를 처음 개발한 사람들이 큰 피해를 입게 된 거예요.

그래서 1970년에 국제적으로 특허에 대한 법을 만들고, 나라끼리 '다자간 특허 협력 조약'을 맺었답니다. 물론 우리나라도 이

조약에 가입했어요. 특허권은 이제 국가가 나서서 지켜 줘야 하는 중요한 문제라는 것을 깨닫게 된 것이지요. 우리나라는 다른 선진국에 비해 지식 재산권을 보호하기 시작한 시기가 늦은 편이에요.

마지막으로 특허권을 얻으면 어떤 권리가 생기는지도 알아야 겠죠? 특허권을 가진 사람에게는 법으로 일정기간 동안 특허 등록된 발명을 독점해서 실시할 수 있는 권리를 준답니다. 단, 산업의 발전을 위해 그 내용을 공개해야 하고, 일정한 기간이 지나면 누구나 이용할 수 있도록 해야 해요. 권리를 독점할 수 있는 기간은 보통 특허를 출원한 날로부터 20년이에요. 실용신안권은 출원한 날로부터 10년이고요. 디자인권은 등록한 날로부터 15년이고, 상표는 등록한 날로부터 10년이랍니다.

이렇게 우리는 특허청에 특허를 신청하는 방법, 특허권을 인정받을 수 있는 조건, 특허를 인정받으면 얻게 되는 권리 등 특허에 대해 자세히 알아봤어요. 여러분이 나중에 발명가가 된다면 오늘 배운 내용이 아주 유용하게 쓰일 테니 꼭 기억해 두세요."

"선생님, 우리는 발명품이나 기술을 훔친 것도 아닌데, 왜 잘못했다고 하는 거예요? 특허권이랑 우리가 숙제를 베껴 온 일은 전혀 상관없는 일 아니에요?"

재민이가 고개를 갸웃하며 질문을 했어요. 나도 그게 막 궁금하던 참이었어요. 우리는 그저 인터넷을 이용해 숙제를 했을 뿐인데 말이에요.

"휴, 성질이 급하구나. 이제부터 설명하려던 참이야. 여러분 중에서 컴퓨터로 게임이나 음악, 영화 등을 돈을 내지 않고 다운로드해 본 사람이 있다면 손 들어 보세요! 어서요. 다 한 번쯤은 있지요? 부모님이 대신 해 주신 경우도 손을 들어 보세요."

선생님의 말에 아이들은 눈치를 보다가 하나둘씩 손을 들기 시작했어요. 그런데 정말 놀랍게도 우리 반 아이들이 반 넘게 손을 들었어요. 그 모습을 보고 선생님이 고개를 끄덕이며 말했어요.

"예상은 했지만 이렇게 심한 줄은 몰랐는데요. 보람이랑 재민이, 경태가 무슨 잘못을 했는지 이제 얘기해 줄게요. 우리나라에서 지식 재산권이 엄격해지기 시작한 것은 2009년부터예요. 그 이유 중 하나가 저작권이지요."

저작권이라고요? 많이 들어 보기는 했던 말이에요. 반 아이들도 서로의 얼굴을 돌아보며 고개를 갸웃거렸어요. 나처럼 들어 보기는 했는데, 무슨 뜻인지를 잘 모르겠나 봐요.

"자, 그럼 이제 우리 친구들이 무슨 잘못을 했는지 차근차근 알아볼까요?"

선생님은 전혀 지친 기색이 없이 이야기를 계속했어요. 마치 예전부터 우리들에게 꼭 이 말을 들려주려고 마음먹고 있었던 것처럼 말이에요.

"여러분도 불법 다운로드라는 말을 들어 본 적이 있지요? 값을 치르지 않고 음악이나 영화 파일, 유료 폰트 등을 다운로드하는 것을 두고 하는 말이지요. 놀랍게도 이런 파렴치한 행동이 주변에서 얼마나 자주 일어나는지 몰라요.

벌써부터 마음이 뜨끔뜨끔한 친구가 있나 보네요. 그런데 이건 양심의 문제만이 아니라 법을 어기는 행동이에요. 바로 저작권법을 어기는 것이지요.

지식 재산권 중 하나인 저작권은 문화 예술 활동을 통해서 만들어 낸 모든 창작물에 대한 권리를 말해요.

저작권에 대해 자세히 알려면 먼저 문화 예술이 무엇인지부터 알아야겠죠? 문화 예술 분야는 범위가 굉장히 넓어요. 문학과 일반 저작물과 영화, 연극, 미술, 드라마, 건축 설계, 학술 서적이 모두 여기에 포함돼요. 무척 다양하지요? 문학과 일반 저작물에는 시, 소설, 평론, 시나리오, 책, 신문, 인터넷에 있는 글까지 모두 포함되니까요. 한마디로 사람들의 모든 창작 활동을 문화 예술이라고 한답니다.

문화 예술 분야도 산업처럼 지식 재산권의 보호를 받고 있어요. 최근에는 엄격한 법 때문에 많이 줄었지만 얼마 전까지만 해도 남의 작품을 베끼는 일이 많았어요. 노래의 한 부분이나 영화의 한 장면을 몰래 가져다 쓰는 것이지요. 이것을 표절이라고 해요. 표절이란 시나 글, 노래 등을 지을 때에 남의 작품의 일부를 몰래 따다 쓰는 것이에요.

물론 그런 일이 일어날 때마다 큰 소란이 벌어졌어요. 표절한 사실이 드러났을 때 그 창작자는 사람들의 비난을 피할 수가 없었어요. 그래도 이때만 해도 창작자의 양심을 탓할 뿐이지 법으로는 엄하게 처벌하지는 않았어요.

그러나 이제는 사정이 많이 달라졌어요. 문화 예술 창작물을 보호하는 저작권법이 만들어졌기 때문이지요. 만약 어떤 작가가 다른 작가의 작품을 몰래 베껴 쓰면 저작권법에 의해 처벌을 받을 뿐만 아니라, 피해 보상까지 해야 해요. 양심을 버리고 남의 창작물을 훔친 죄로 어마어마한 값을 치르는 것이죠."

"선생님, 개그 프로그램에서는 영화나 드라마 장면을 그대로 따라하잖아요. 그럼 그것도 저작권법에 걸려요?"

유빈이가 질문했어요.

"좋은 질문이에요. 개그 프로그램에서 영화나 드라마 장면을 따라하는 것은 '패러디'라고 해요. 패러디와 표절은 달라요. 패러디는 작품의 내용을 새롭게 창작하여 익살스럽게 표현하는 거예요. 따라서 독립적인 예술 장르로 인정받고 있지요. 그러나 표절은 똑같은 표현이나 무대 장치 등을 허락 없이 사용하는 것이므로, 처벌이 뒤따른답니다.

자, 그럼 이번에는 여러분이 좋아하는 게임 이야기를 해 볼게요. 여러분의 컴퓨터에도 게임이 하나씩은 깔려 있지요? 무료로 배포하는 게임이라면 괜찮지만 유료게임을 몰래 공짜로 다운로드한다면 그건 저작권법을 어기는 행동이에요."

보람이가 나에게 몸을 기울이더니 소곤소곤 말했어요.

"게임 파일 하나 정도는 괜찮다니까."

지난번에 보람이가 나한테 게임 파일을 주겠다고 한 적이 있거든요. 찔리니까 괜히 그러나 봐요. 그때 선생님의 목소리가 갑자기 커졌어요.

"게임 파일 하나쯤은 괜찮다고요? 큰일 날 소리예요! 게임 파일 하나라도 저작권법에 따라 정당한 값을 주고 구입해야 해요. 그렇지 않으면 그 게임을 만든 사람이 큰 피해를 입을 수 있거든요."

선생님이 눈을 무섭게 뜨고 우리 둘을 쳐다보셨어요. 보람이가 작게 말했는데 어떻게 들으신 걸까요? 그나저나 나는 잘못이 없는데 말이에요. 내가 억울한 걸 아시는지 모르시는지 선생님은 이야기를 계속하셨어요.

"한 편의 게임이 만들어지는 과정을 볼까요? 먼저 프로젝트를 총괄하는 프로듀서가 있어야 해요. 그리고 디렉터와 기획자도 필요하지요. 게임에 필요한 비주얼을 담당하는 원화가와 그래픽 디자이너, 프로그래밍을 하는 개발자도 있어야 하고요. 거기다 시네마틱 영상까지 제작한다고 하면 더 많은 사람과 돈이 필요하지요. 게임 한 편이 탄생하기까지는 이렇게 많은 사람들의 수고와 노력이 뒤따라요.

그런데 우리가 불법으로 다운로드를 해서 게임을 플레이한다

고 생각해 보세요. 무료로 다운로드를 하면 돈도 들지 않고 좋겠지요. 하지만 많은 돈을 들여서 게임을 제작한 사람들은 어떻게 될까요? 수고한 대가는커녕 이미 많은 돈을 썼기 때문에 다른 게임을 만들기도 어려워지고, 심한 경우에는 회사가 망할 수도 있어요.

사실 게임을 만드는 많은 회사들이 이런 불법 다운로드 때문에 골머리를 앓고 있어요. 분명 유저는 많은데 정품 구매자 수는 거기에 한참 못 미치니까요. 이런 사태가 계속된다면, 우리나라 게임 산업도 다른 나라에 비해 크게 뒤처지게 되겠지요.

게임만이 아니에요. 음악도 마찬가지랍니다. 음원이 불법으로 유통되는 일이 많아질수록 작곡가, 가수 등 음악을 제작하기 위해 모인 많은 사람들이 더 큰 좌절을 겪게 될 거예요."

"그러면 안 돼요!"

뒤에서 누군가 소리쳤어요. 한결이었어요. 참, 한결이는 래퍼가 꿈이거든요.

"맞아요. 한결이가 나중에 힙합 음악을 만들었는데 그걸 다들 불법으로만 듣는다고 생각해 봐요. 얼마나 절망적이겠어요?"

선생님도 덩달아 속상한 말투로 말했어요. 한결이의 미래를 상상해 보니 그건 정말 안타까운 일이었어요.

"그러면 영화는 어떨까요? 영화 한 편을 만들기 위해서는 많은 돈이 필요해요. 수많은 사람들의 노력은 두말할 것도 없고요. 그런데 영화도 불법으로 다운로드하는 경우가 많아요. 이런 경우 영화를 만든 사람들은 어떻게 될까요? 노력에 대한 정당한 이득을 보기는커녕 투자한 금액까지 모두 날리고 말 거예요.

한때 우리나라에서 홍콩 영화가 큰 인기를 끈 적이 있어요. 마치 지금의 '한류'처럼 말이에요. 그런데 그렇게 인기 있던 홍콩 영화가 어느 날 갑자기 시들해졌어요. 오랫동안 보니 지루해서 그랬을 수도 있고 화려한 할리우드 영화에 밀려서였을 수도 있어요. 하지만 여기에는 불법으로 복제해서 보는 비디오테이프가 한몫을 했어요. 홍콩 영화가 인기를 끌던 시대에는 지금처럼 OTT*가 아니라 비디오테이프를 이용해서 영화를 봤어요. 사람들은 비싼 관람료를 내고 영화관을 찾기보다 불법으로 복제된 비디오테이프를 빌려 보았답니다. 그 결과로 홍콩 영화가 우리나라에서 밀려나고 만 거예요.

그런데 시간이 지나고, 우리나라 영화도 같은 수모를 겪었어요. 역시나 불법 복제가 문제였어요. 인터넷이 발달하면서 컴퓨터로도 영화를 볼 수 있게 되자, 영화 DVD를 복제해서 인터넷에

---

* OTT(Over the Top) : 개방된 인터넷에서 방송 프로그램, 영화 등 동영상을 제공하는 서비스를 말한다. 유료 방송에 비하여 저렴한 가격을 내세워 케이블 방송과 경쟁하며, 대표적인 사업자로는 넷플릭스(Netflix)와 훌루(Hulu)가 있다.

올리는 사람들이 나타났지 뭐예요. 사람들은 그 파일을 불법으로 다운로드하거나 불법 스트리밍 사이트에 업로드된 영화를 보았어요.

막대한 돈을 투자해 만든 할리우드 영화도 우리나라에만 들어오면 흥행에 실패했어요. 해외에서 먼저 개봉된 영화를 몰래 다운로드해서 이미 봤기 때문이지요. 이런 피해는 우리나라 영화라고 해서 피해 갈 수가 없었어요. 네티즌 사이에 불법 다운로드, 복제가 수도 없이 이뤄지면서 영화관에도 발길이 뚝 끊겼고, 정품 DVD도 잘 팔리지 않았던 거예요."

앗, 나는 얼마 전에 본 뉴스가 생각나서 재빨리 손을 들었어요.

"선생님, 얼마 전에 뉴스에서 어떤 배우가 불법 다운로드를 받지 말아 달라고 인터뷰한 걸 봤어요!"

"맞아, 경태도 그 뉴스를 봤구나? 그 배우는 한국인 최초로 오스카라는 큰 상을 받은 배우예요. 한국 배우들이 나오는 미국 영화가 있는데, 그 영화로 상을 탔어요. 그런데 그 영화가 아직 한국에서 개봉하지 않았을 때, 얼른 영화를 보고 싶었던 사람들이 불법으로 영화를 다운로드한 거예요. 그 정도가 너무 심해서 배우까지 나서서 그렇게 이야기를 한 거지요. 경태가 좋은 사례를 말해 주었네."

나는 눈을 초롱초롱하게 뜨고 선생님을 바라보았어요. 이번

에라도 칭찬 스티커를 받고 싶었거든요. 하지만 선생님은 바쁘게 다시 이야기를 이어나갔어요. 해 주실 말씀이 아직 많은가 봐요.

"방금 전의 사례처럼, 영화 흥행이 이뤄지지 않으면 영화 산업도 큰 피해를 입어요. 새 영화를 만들 자본이 부족해지니까요. 영화 제작에 관심을 가지고 투자를 하던 기업들도 등을 돌리게 된답니다. 좋은 영화를 만들 수 없으면 관객들도 영화관을 찾지 않겠지요?

자, 이제 문화 예술 분야에서 왜 저작권 보호를 해야 하는지 알겠죠? 우리가 무심코 저지르는 일들이 법의 처벌을 받는다니 한편으로는 무섭기도 할 거예요. 하지만 다른 사람이 만든 것을 정당한 대가를 주고 구입한다면 문제될 것이 없어요. 이것이 바로 저작권법이 만들어진 의미랍니다. 인터넷에 올린 글을 허락 없이 베껴서 쓰는 것도 이 저작권법을 어기는 행동이에요. 만약 저작권법이 있다는 것을 알면서도 계속 불법 다운로드를 한다면 아무리 어린이라도 용서받을 길이 없어요."

나도 저작권 지킴이

우리가 지킬 수 있는 저작권 목록을 만들어 봐요.

예 숙제할 때 인터넷에 실린 글을 베껴 쓰지 않아요.
숙제는 내 힘으로!

1

2

3

4

5

지식 재산권의 4번 타자
신지식 재산권

"이제 지식 재산권의 4번 타자 '신지식 재산권'에 대해 알아볼까요? 지식 재산권 앞에 새로울 신新이 붙어 있어요. 몇몇 친구들은 벌써 눈치를 챈 것 같네요.

그래요, 신지식 재산권은 새로 만들어진 지식 재산권이에요. 이 지식 재산권은 사회의 변화와 깊은 관련이 있어요. 새로운 기술, 기계의 발달로 기존 지식 재산권으로 구분할 수 없는 새로운 영역이 생긴 거예요.

크게는 컴퓨터 프로그램, 인공지능, 데이터베이스와 같은 산업 저작권, 반도체 집적 회로 배치 설계, 생명 공학과 같은 첨단 산업 재산권, 영업 비밀, 멀티미디어와 같은 정보 재산권으로 분류가 되고 있어요. 이외에도 상품으로 만들어 판매할 수 있는 만화 영화 캐릭터 등도 신지식 재산권에 포함돼요.

처음에 소프트웨어 프로그램, 생명 공학 발명, 반도체 회로 설계 등은 특허 대상이 아니라고 보았지만 미국이나 일본 같은 특허 선진국들의 움직임에 맞춰 우리나라도 신지식 재산권을 특허로 인정하게 되었답니다.

신지식 재산권은 여러분과도 깊은 관련이 있어요. 새로운 온라인 게임이나 게임 아이템 등이 모두 신지식 재산권으로 분류되고 있거든요.

온라인 게임이나 게임 아이템도 상품이냐고요? 그럼요. 여러분이 돈을 주고 게임 프로그램도 깔고, 아이템도 사잖아요. 사이버머니를 통해 인터넷상에서 바로 구입하기도 하고요. 이처럼 프로그램이나 아이템 하나도 돈으로 사고파는 경제 가치가 생겨나면서 그것을 만든 주인에게도 권리가 생긴 것이랍니다.

현대 사회에서는 신지식 재산권에 관한 비중이 엄청 커졌어요. 어쩌면 여러분도 지금까지 말한 지식 재산권 중에서 신지식 재산권이 가장 피부에 와 닿을지 몰라요."

"선생님, 며칠 전에 경태가 제 게임 아이템을 훔쳐 갔는데요. 그것도 신지식 재산권을 어긴 건가요?"

재민이가 갑자기 큰 목소리로 질문했어요. 나는 깜짝 놀라 재

新 지식재산권

민이를 쳐다보며 말했어요.

"그건 훔친 게 아니라 쓴 거지. 그리고 너도 전에 내 게임 아이템 써 버렸잖아."

비겁하게 고자질을 하다니! 나는 속이 무척 상해서 재민이를 살짝 째려봐 주었어요.

"게임 얘기 하니까 재민이가 완전히 살아났구나. 뭐, 경태가 직접적으로 신지식 재산권을 지키지 않았다고 할 수는 없어요. 친구 허락도 안 받고 함부로 아이템을 써 버린 건 분명히 잘못한 일이지만 말이에요. 그렇지만 신지식 재산권을 이것과 연관 지어서 설명할 수는 있겠네요.

여러분이 애써서 모아 둔 사이버머니나 게임 아이템이 어느 날 감쪽같이 사라져 버렸다면 분하고 억울해서 눈물을 펑펑 쏟을 거예요. 아마 대부분 이렇게 소리치겠지요.

'으악! 내 사이버머니랑 아이템 누가 훔쳐 갔어?'

그동안 수고해서 모아 놓은 게 하루아침에 날아가 버렸으니 분통을 터뜨릴 만도 하지요. 그런데 내 사이버머니는 이렇게 중요하면서 다른 사람들의 권리나 재산은 소홀하게 생각하는 경우가 많아요. 신지식 재산권법이 만들어진 것도 바로 이 때문이에요. 인터넷상에서의 내 권리가 소중한 것처럼 다른 사람의 재산이나 권리도 인정해 주자는 거예요.

음반이나 영화를 만들 때와 마찬가지로 인터넷상의 게임이나 콘텐츠를 만들기 위해서도 많은 시간과 노력이 필요해요. 어떤 사람은 몇 년 동안 그 일에만 매달리기도 하지요. 그렇다면 그것이 상품으로 만들어졌을 때 당연히 그 권리를 인정받아야 하지 않을까요?

혹시 다른 사람이 애써서 개발한 게임 프로그램 등을 돈도 지불하지 않고 몰래 사용하고 있지는 않나요? 심지어는 불법으로 게임 프로그램을 다운로드한 것에 대해 친구들에게 자랑스럽게 떠들어 대는 친구도 있지요. 그뿐인가요? 불법으로 다운로드한 게임 파일 등을 친구들과 공유하기도 하잖아요."

"야, 너다, 너."

나는 옆에 앉은 보람이를 툭 치고 입모양으로만 말했어요. 보람이가 입을 비쭉 내밀더니 풀 죽은 얼굴을 했어요.

"아마 이중에도 크게 고민하지 않고 그런 일을 해 본 친구가 있을 거예요. 이런 모든 일이 엄격하게 말하면 다른 사람의 재산을 훔치는 도둑질이에요.

생각해 봐요. 자신이 애써 만든 게임 아이템, 사이버머니를 알 수 없는 누군가에게 빼앗겼다면 어떻겠어요? 참을 수 없겠지요? 오랜 시간 노력해서 만든 자신의 상품을 대가도 지불하지 않고 누군가가 함부로 사용한다고 했을 때 그 마음이 어떨 것 같나요? 어쩌면 크게 낙담해서 다시는 그 일을 하고 싶지 않다고 말할지도 몰라요.

내가 아프면 다른 사람도 아파요. 내가 어떤 일로 화나고 괴롭다면 다른 사람도 그런 상황에서 똑같이 화나고 괴롭다는 사실을 명심하세요."

나는 보람이한테 너무 심했나 하는 생각이 들어 슬쩍 보람이 눈치를 보았어요. 보람이의 표정을 보니 반성을 하고 있는 것 같았어요.

"그런데 이런 일로 피해를 입는 대상은 기업이 될 수도 있고 나라가 될 수도 있어요. 어느 한 사람에게만 해당되는 이야기가 아닌 것이죠.

반도체 산업이라는 말을 한 번쯤 들어 봤을 거예요. 반도체 산업은 컴퓨터 같은 전자 제품에 필요한 집적 회로 등을 만드는 산업이에요. 이제는 거의 모든 산업에 사용되는 고도의 기술이지요. 우리나라가 반도체 분야에서 세계 최고를 다투는 기술 강국이라는 것은 다들 알고 있지요?

집을 지을 때 설계도가 필요한 것처럼 반도체 산업에서도 회로 설계도가 필요해요. 다른 나라에서 우리나라의 반도체 기술을 따라잡지 못하는 이유는 세밀한 설계도를 만들 수 없기 때문이에요. 반도체 설계도만 있다면 세계 최고의 반도체 강국이 될 텐데 말이에요.

자기네 나라에서 개발하기는 힘들고, 시간도 많이 걸리다 보니, 아주 고약한 방법을 생각해 내기도 해요. 바로 우리나라의 앞선 기술을 훔쳐 가는 것이지요. 우리나라는 많은 연구비와 개발비를 들여 만든 기술인데 그렇게 허무하게 도둑질을 당한다면 어떻겠어요? 실망감은 둘째 치고 우리나라의 반도체 산업 자체가 큰 타격을 입을 수밖에 없어요. 그래서 신지식 재산권을 통해 기술이 다른 기업이나 나라로 빠져나가지 않도록 엄격하게 보호하고 있는 거예요.

기술과 문명이 발달하면서 신지식 재산권의 보호 범위는 더욱 넓어질 거예요. 또 나라마다 신지식 재산권에 관한 법을 강화할 거예요. 신지식 재산권이 나라의 경제와도 밀접한 관계가 있기 때문이지요."

"앞에서 말했다시피 지식 재산권은 나라 경제와 깊은 관련이 있기 때문에 우리 스스로가 철저하게 지켜야 해요. 그 이유를 다시 한 번 말해 볼 사람?"

선생님은 우리의 얼굴을 차례차례 돌아보며 질문을 했어요. 아무도 손을 들지 않자 도윤이가 조용히 손을 들었어요. 오늘 멋진 청바지를 입고 와서 자신감을 얻었나 봐요.

"우리나라에서 만들면 훨씬 싸게 물건을 살 수도 있고, 그것을 다른 나라에 수출해서 부자가 될 수도 있는데, 우리가 제대로 지키지 않아서 비밀이 새어 나가면 피해를 입기 때문입니다."

도윤이의 차분한 목소리가 귀에 쏙쏙 들어왔어요. 선생님이 활짝 웃어 보였어요.

"도윤이가 요약을 참 잘하는구나. 그래요, 지식 재산권은 개인의 재산이기도 하지만 나라의 경쟁력을 키울 수 있는 나라 재산이기도 해요. 그 때문에 아이디어를 개발하여 새로운 것을 만들어 냈을 때에는 반드시 먼저 특허를 받아야 해요. 앞에서 말했다시피 특허를 받으면 특허 협력 조약에 의해 권리를 주장할 수도 있고, 보호를 받을 수도 있으니까요."

"선생님, 얼마 전에 다른 나라 기술을 훔치는 스파이가 나오는 영화를 봤는데요, 그럼 스파이도 법을 어긴 건가요?"

이번에는 재민이가 물었어요.

"와, 멋진 질문이에요. 정말 하나를 가르쳐 주면 열을 아는군요. 스파이라고 해서 다 멋진 건 아니에요. 나라를 위해 일하는 스파이도 있지만, 불법을 저지르는 것까지 다 좋다고 할 수는 없으니까요. 그중에서도 다른 나라의 기술을 몰래 훔치는 고약한 스파이들이 있어요. 그들을 어떻게 막아야 하는지 알아볼까요?

인류 문명은 아주 오랜 세월 발달해 왔어요. 새로운 기술을 개발하고 더 편리한 물건들을 수없이 발명해 냈지요. 그 덕분에 여러분이 지금처럼 풍족한 문명 생활을 누리게 되었고요.

우리가 사는 세상은 이제 아이디어와 새로운 기술, 발명의 시대라고 해도 무리가 아니에요. 많은 기업들이 새로운 아이디어와 기술을 찾아내기 위해 노력하는 것도 그 때문이지요. 그러나 새로운 아이디어를 구체화시켜서 신기술이나 신상품으로 개발하는 것이 쉬운 일은 아니에요.

그래서일까요? 아이디어를 사냥하고 훔쳐보는 사람들도 최근에는 아주 많아졌어요. 그만큼 경쟁이 치열하다는 얘기지요. 상황이 이렇다 보니 기업은 말할 것도 없고 나라 간에도 아이디어

와 기술을 훔치는 경우가 빈번하게 일어나고 있어요. 경쟁에서 뒤처지면 살아남을 수 없다는 조바심 때문에 쉽게 유혹에 빠지는 거예요.

특히 누가 가장 빨리 상품을 시장에 내놓느냐에 따라 상품이 잘 팔리느냐 안 팔리느냐가 결정되는 현대사회에서는 유혹을 떨쳐 버리기가 더 힘들지요.

스파이는 신분을 감추고 다른 회사나 나라에 잠입하여 기밀을 훔치는 사람이에요. 과거에는 군사 기밀 같은 것을 훔치는 경우가 많았지만 요즘은 새로운 기술이나 발명품들을 노린답니다.

그래서 사람들은 현대를 총성 없는 전쟁이 벌어지는 시대라고 해요. 다시 말하면 '경제 전쟁' 시대이지요. 경제 전쟁 시대에서는 앞선 기술이나 발명품이 무기가 되고 경쟁력이 된답니다. 누가 먼저 신상품을 개발하느냐에 따라서 세계 시장에서 기업의 경쟁력을 보일 수 있고, 나라 경제에도 많은 도움을 줄 수 있거든요. 그런 이유로 기업이나 나라에서 다른 나라에 스파이를 보내 신기술을 훔치기 위해 노력하고 있답니다. 이런 일을 하는 사람들을 산업 스파이라고 해요."

"영화에서 완전 멋있게 나오던데……. 진짜로 그런 일을 하는 사람들이 있다고요?"

재민이가 눈을 동그랗게 뜨고 질문했어요.

"뉴스를 보면 산업 스파이가 영화에서뿐 아니라 실제로도 있다는 것을 알 수 있어요. 우리나라에서 크게 발달한 반도체 산업의 회로 설계도나 자동차, 선박 등의 개발, 제조 기술을 훔치려다가 탄로가 나서 붙잡힌 사람들 이야기를 뉴스를 통해 한 번쯤은 들어 본 적이 있을 거예요.

산업 스파이들은 신분을 속이고 몰래 취직을 하거나, 그 회사에 다니고 있는 사람에게 접근하여 돈을 주고 신기술을 손에 넣는답니다. 물론 대다수의 사람들은 쉽게 넘어가지 않지만 일부 사람들은 양심을 버리고 유혹에 넘어가기도 해요.

산업 스파이들 때문에 몇 년 동안 개발한 기술이 다른 나라로 빠져나간다고 생각해 봐요. 경쟁 기업이나 경쟁국들은 얼마 안 되는 돈으로 엄청난 이득을 챙기게 되지만 정보를 빼앗긴 기업이나 나라는 어마어마한 손실을 입어요. 어때, 재민아? 아직도 그 직업이 멋있어 보이니?"

재민이가 잠깐 고민하더니 고개를 끄덕이면서 '네!' 하고 대답했어요. 정말 별나다니까요. 선생님은 재민이에게 뭐라고 한마디를 하려다가 그만두고 하던 이야기를 이어가기 시작했어요. 수업 시간이 거의 다 끝나 가고 있었거든요.

"지식 재산권법이 날이 갈수록 강화되는 것도 그런 일들을 막기 위해서예요. 새로운 아이디어나 기술을 가진 사람들은 피해를 입지 않으려고 더욱 조심하고 있어요. 도둑이 들어올까 봐 잠금 장치를 이중으로 만들고 보안 시스템까지 갖추었지요. 법이라는 단단한 테두리를 만들어 기술이 새어 나가지 않도록 야구에서처럼 전진 수비를 하는 거예요. 그래, 전진 수비를 모르는 친구들이 있을 것 같으니까, 서진이가 친구들한테 설명을 좀 해 줄래?"

서진이는 유소년 야구단에서 활동하고 있거든요. 나도 마침 전진 수비가 뭔지 궁금하던 참이었는데, 선생님은 정말 우리 마음을 잘 알아 주세요. 우리는 뒤쪽에 앉은 서진이를 향해 시선을 모았어요.

"저번 체육 시간 때 발야구했던 걸 한번 떠올려 봐. 수비팀이 자리를 잡았던 거 기억나지? 야구에서는 수비팀이 원래 포지션보다 앞쪽으로 옮겨서 자리를 잡는 전략을 전진 수비라고 해. 더 확실한 방어를 하고 싶을 때 쓰는 수비 방법이야."

"서진이가 설명을 정말 잘해 주었지요? 모두 잘 이해했나요?"

"네!"

우리는 서진이를 보며 큰 소리로 선생님 말씀에 대답했어요. 서진이가 장난스러운 표정을 하고 손가락으로 브이자를 만들어 보였어요.

"그럼 이번엔 한번 상황을 떠올려 봐요. 만약 지식 재산권 보

호에 관한 법이 없다면 어떻게 될까요? 상상만 해도 끔찍한 일이 벌어질 거예요. 사람들은 다른 사람들의 아이디어나 상품을 마구 복제하여 자기 것처럼 쓰겠지요. 그러면 힘들여 기술을 개발하려는 사람도 없을 테고, 산업 자체가 크게 무너지고 말 거예요. 나라 경제도 같이 무너질 테고요.

우리의 사소하고 잘못된 행동들이 수십 년간 여러 사람의 피나는 노력으로 일궈 낸 산업을 한순간에 망쳐 놓을 수도 있다는 사실을 명심해야 해요. 우리가 지식 재산권을 지키지 않는다면 '복제품'이 온통 판을 치는 세상이 될 거예요. 우리가 먹는 음식, 옷, 신발, 영화, 음반 등 모두가 복제품이 된다는 말이에요.

그러다 보면 사람들은 서로를 더욱 믿지 못할 테고, 더불어 사는 행복까지 잃고 말 거예요. 정말 심각한 일 아닌가요?"

'딩동딩동!'

앗, 5교시가 끝나는 종이 쳤어요. 원래 오늘 창체 시간엔 연극 활동을 하기로 했었는데, 연극은 못하게 되었어요. 하지만 오늘 수업도 아주 보람찼어요. 덕분에 우리에게 꼭 필요한 것을 배우게 되었으니까요.

나는 잘못을 반성하며 선생님에게 말했어요.

"선생님, 제가 한 행동이 그렇게 나쁜 행동인지 몰랐어요. 정말 죄송해요."

그러자 박보람과 유재민도 따라서 말했어요.

"저희도 몰랐어요. 잘못했어요."

"다시는 남의 지식 재산을 함부로 훔치지 않겠습니다."

다른 아이들도 모두 선생님이 들려준 이야기에 깨달은 점이 많은 것 같았어요. 선생님 말씀처럼 대부분 지식 재산권을 한 번쯤 어겼을 거예요. 그렇지만 이번 일로 그동안 무심히 했던 일들이 얼마나 큰 잘못이었는지 깊이 깨닫게 되었지요.

이야기를 끝내며 선생님은 우리에게 다시 약속을 받았어요.

"지식 재산권은 그것을 가지고 있는 사람과 그것을 사용하는 여러분 모두의 소중한 재산이에요. 지식 재산권이 사회와 나라 경제에 어떤 영향을 끼치는지 다 이해했죠? 스티커 한 장 더 받기보다 우리의 양심을 지키는 게 훨씬 중요하다는 말이에요. 물론 아직까지 지식 재산권에 대해 전혀 모르는 친구들이 많을 거예요. 부모님들도 마찬가지고요. 오늘 배운 것을 다른 친구들에게도 알려서 다 함께 지킬 수 있도록 해 주세요. 여러분이 지식 재산권 홍보대사가 되는 거예요. 어때요, 할 수 있겠어요?"

선생님의 당부에 반 아이들은 한목소리로 크게 대답했어요.

"예, 지식 재산권을 우리가 지키겠습니다."

선생님은 그제야 흐뭇한 미소를 지으며 수업을 마쳤답니다.

"경태야, 삼촌이 너한테 줄 선물이 있는데 삼촌 방으로 와 봐."

저녁에 막내 삼촌이 나를 방으로 불렀어요. 나는 무슨 선물인지 궁금해 숙제 공책을 덮고 후다닥 삼촌 방으로 달려갔어요.

"뭔데요, 삼촌?"

삼촌은 씩 웃으며 말했어요.

"경태야, 삼촌이 널 얼마나 예뻐하는지 알지? 삼촌이 큰맘 먹고 새로운 게임 하나 깔아 놨다. 컴퓨터 켜 봐."

"새로운 게임이요?"

역시 삼촌이 최고예요. 나는 활짝 웃으며 삼촌 방에 있는 컴퓨터를 켰어요.

그때, 낮에 학교에서 배운 '지식 재산권'이 퍼뜩 생각났어요.

"아, 삼촌, 혹시 이 게임 불법으로 다운로드한 거 아니에요? 학교에서 배웠는데, 불법 다운로드하면 법을 어기는 거래요. 지식 재산권이라고 들어 봤어요?"

내 말에 삼촌은 깜짝 놀라는 눈치였어요. 그럴 줄 알았어요. 새로운 게임을 간절히 원하고는 있지만 그래도 지식 재산권을 어기면 안 되잖아요? 나는 새로운 게임을 열어 보고 싶은 마음을 애써 누르며 컴퓨터 앞에서 돌아섰어요.

그러자 삼촌이 빙그레 웃으며 말했어요.

"학교에서 그런 것도 가르치는구나. 좋은걸. 하기야 요새는 지식 재산권 문제가 좀 심각하니까. 하지만 나경태, 이거 실망인걸. 삼촌이 그런 걸 훔치는 도둑으로밖에 보이지 않는다는 말이

렷다!"

삼촌은 이렇게 말하며 내 머리에 꿀밤 한 대를 때렸어요.

"그럼 불법 다운로드가 아니에요?"

나는 머리를 손으로 문지르면서도 반가운 기색으로 물었어요.

"당연하지. 삼촌이 큰맘 먹었다고 했잖아. 정식으로 제값 주고 구입한 거야. 이래도 싫어? 뭐, 정 싫다면 어쩔 수 없지."

삼촌은 빙그레 웃으며 말했어요.

"아니에요. 할 거예요. 할 거라고요! 제가 언제 안 한다고 했어요?"

나는 책상 의자에 냉큼 앉으며 말했어요. 그리고 바탕화면에 있는 새로운 게임 아이콘을 마우스로 눌렀답니다.

"어유, 귀여운 녀석! 하지만 딱 30분만이다. 난 너희 엄마한테 혼나긴 싫거든. 알았지?"

"넵!"

나는 기운차게 대답했어요. 히히, 지식 재산권도 지키고, 게임도 하고, 이런 걸 일석이조라고 하나요?

부록
네티켓과 지식 재산권

　우리나라 인터넷 보급률은 세계 최고의 수준이래요. 어디를 가나 인터넷이 안 되는 곳이 없잖아요. 섬이나 깊은 산속에서도 인터넷 사용이 가능해요. 그리고 거의 모든 공공장소에서 와이파이를 사용할 수 있지요.
　컴퓨터가 없다고 해도 스마트폰으로 손쉽게 인터넷에 접속할 수 있고, 정보를 주고받을 수 있어요.
　이제 인터넷 사용은 아주 당연한 일이 되었어요. 유치원에 다니는 동생들까지 스마트폰을 다룰 줄 아니까요.
　그러다 보니 아쉬운 점도 많아요. 바로 예절이지요. 집이나 학교, 그 밖의 다른 공간에서 우리는 많은 사람들을 만나고, 어릴 적부터 배운 여러 가지 예절을 지키면서 살아요. 하지만 인터넷에서는 누구의 간섭을 받지도 않기 때문에 딱딱하게 예의를 차릴 필요가 없다고 생각하는 친구들이 많아요.

"내가 찾던 세상이 바로 이런 곳이었어."

어쩌면 많은 사람들이 사이버 공간을 즐겨 찾는 이유 중 하나가 이 때문이 아닐까요? '내 마음대로 다 할 수 있는 공간'이라고 생각하는 거죠.

인터넷 없는 세상을 상상해 본 적 있나요? 이제는 상상도 못할 거예요. 인터넷은 우리 생활과 떼려야 뗄 수 없는 지식 창고이자 경제 수단, 소통 수단이 되었거든요. 보이지는 않지만 우리의 생활을 뒷받침하는 큰 무대라고 할 수 있어요.

사이버 공간은 많은 사람들이 사용하고 있는 공간이에요. 따

라서 일상생활에서처럼 예의가 매우 중요하지요. 인터넷상의 예절, 바로 네티켓을 잘 지켜야 한다는 말이에요. 네티켓은 인터넷 사용자들을 일컫는 '네티즌'과 예절을 뜻하는 '에티켓'을 합친 말이랍니다.

네티켓은 지식 재산권과도 아주 밀접한 관계가 있어요. 앞에서 예를 든 것처럼 인터넷상으로 우리가 음악 파일이나 영화, 드라마, 게임 등을 불법으로 다운로드하여 사용하는 행위들은 네티켓을 지키지 않는 비양심적인 행위니까요.

또 평소에 예의가 바른 사람인데도 인터넷에만 접속하면 무례해지는 경우를 본 적이 있나요? 내 정체가 드러나지 않는다고 해서 함부로 욕설을 하거나 남을 비방하는 말을 할 때도 있어요. 상대가 내 얼굴을 모른다고 해서 예의를 지킬 필요가 없다고 생각하는 건가요?

하지만 반대로 생각해 보세요. 얼굴도 모르는 누군가가 나에게 그런 심한 욕설이나 비방을 한다면요? 억울할 뿐만 아니라 몇 날 며칠 분해서 잠도 못 잘걸요?

그렇다면 네티켓은 어떻게 지켜야 할까요?

첫째, 다른 사람의 생각이 나와 다를 수도 있다는 것을 인정해야 해요. 나와 생각이 다르다고 해서 무조건 욕설을 하거나 악성 댓글을 다는 것은 옳지 않아요. 나와 생각이 다른 사람들, 다양성을 인정하는 것이 네티켓의 기본이라고 할 수 있지요.

둘째, 다른 사람의 사생활을 지켜 주는 거예요. 만약 내가 꼭꼭 감추고 싶은 사생활을 다른 사람이 엿본다거나 그것을 소문낸다면 어떨 것 같나요? 정말 싫겠지요? 그것은 다른 사람도 마찬가지예요. 내가 싫으면 다른 사람도 싫어한다는 것을 명심하세요.

인터넷을 통해서 다른 사람의 지식

재산권을 쉽게 훔치는 행위, 인격을 모독하는 행위, 나쁜 바이러스를 퍼뜨리는 행위, 사생활을 침해하거나 중요한 기밀 등을 훔치고 파괴하는 행위 등은 네티켓에 어긋나는 범죄 행위예요. 그런 행동을 재미 삼아서 혹은 가볍게 생각해서 하는 경우가 많지만 그 피해는 상상을 초월해요. 많은 선량한 사람들이 그로 인해 마음의 상처를 입고, 여러 가지 피해를 입는답니다.

하지만 반대로 저마다 올바른 네티켓을 가지고 인터넷을 사용한다면 사이버 공간은 보다 기분 좋은 만남의 장소가 될 수 있어요. 마음을 나눌 수 있는 좋은 친구도 만날 수 있고요. 좋은 인터넷 문화, 네티켓 있는 여러분이 지켜 주길 바랍니다.